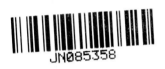

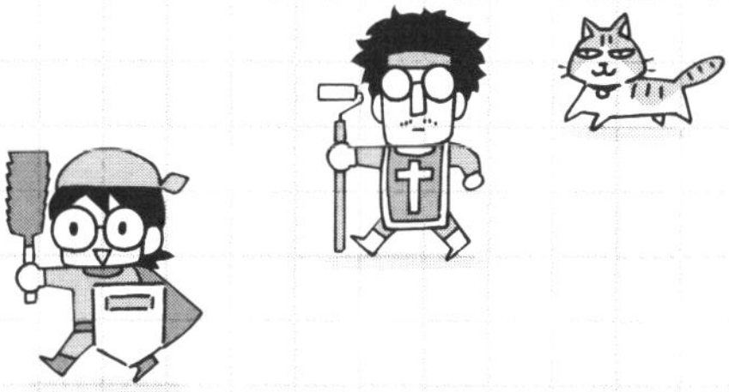

DIY

好きが極まって不動産オーナーになっちゃった話

橋本 笑

Emi Hashimoto

イースト・プレス

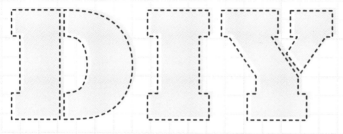

INDEX

プロローグ：オシャレDIY女子を目指したら

こんにちは
イラストレーターの
橋本笑《はしもとえみ》と申します
こぶつき
長らく独身で
その日暮らしの
無責任ライフを
送っていましたが
うまいこと拾い手が
見つかったので
2015年に
結婚しました
突然ですが
皆さん家づくりは
お好きですか?
理想の間取りや
インテリアなど
こんな家に住みたい!
というのを
一度は考えたことが
ないでしょうか
LDK 12
私は昔から住みたい家の
妄想をするのが
好きでした
もや〜ん
ちょっと
レトロな家に
アンティークな家具
置きたいな
美しい部屋
美
理想の物件を求めて
1人暮らし時代は
色んな場所を
転々としました
都心駅近
風呂なしアパート
畑の中の
リノベーション
物件
バブル期の
デザイナーズ
マンション
平均居住期間：2年
結婚をしてからは
郊外のちょっと広めの
アパートにお引っ越し

広ーい！
家具めっちゃ置ける！
そこで家づくりへの情熱が爆発しました
ダイニングにはオープンラック！
可愛いカフェグッズ並べて見せる収納を！
TV周りはグリーンで飾って
壁がさみしいからやたらデカい時計をかける♪
こだわりのない夫を横目に荒ぶる妻
よくわからんから
好きにして
やったるで！
カフェ風オシャレインテリアを目指す！

カフェっぽくするならテーブルはどうする?
うん、あんまりお金ないけど
こういうヴィンテージなの買おうかなと
古材
ダイニングテーブル
¥58,900-
使いこまれた古材がヴィンテージな雰囲気に
おおかっこいい
でも古ぼけてる割に結構高いのな
うーんそっか…
古材…
古材っていわゆる廃材でしょ?
パーツ手に入れて自分で作れば安上がりなのでは…
そこでオークションで中古の板と鉄脚を落札
チーン
アイアン テーブル脚
中古美品
組んでみるとそれっぽいものが出来ました
3000円
5000円
買うよりは安上がり!
楽しい!
欲しいものは自分で作ればいいんだ!
元々貧乏性の私は一気にDIYに目覚めました
使用工具
電動
コンパクト ドライバー
(もらいもの)

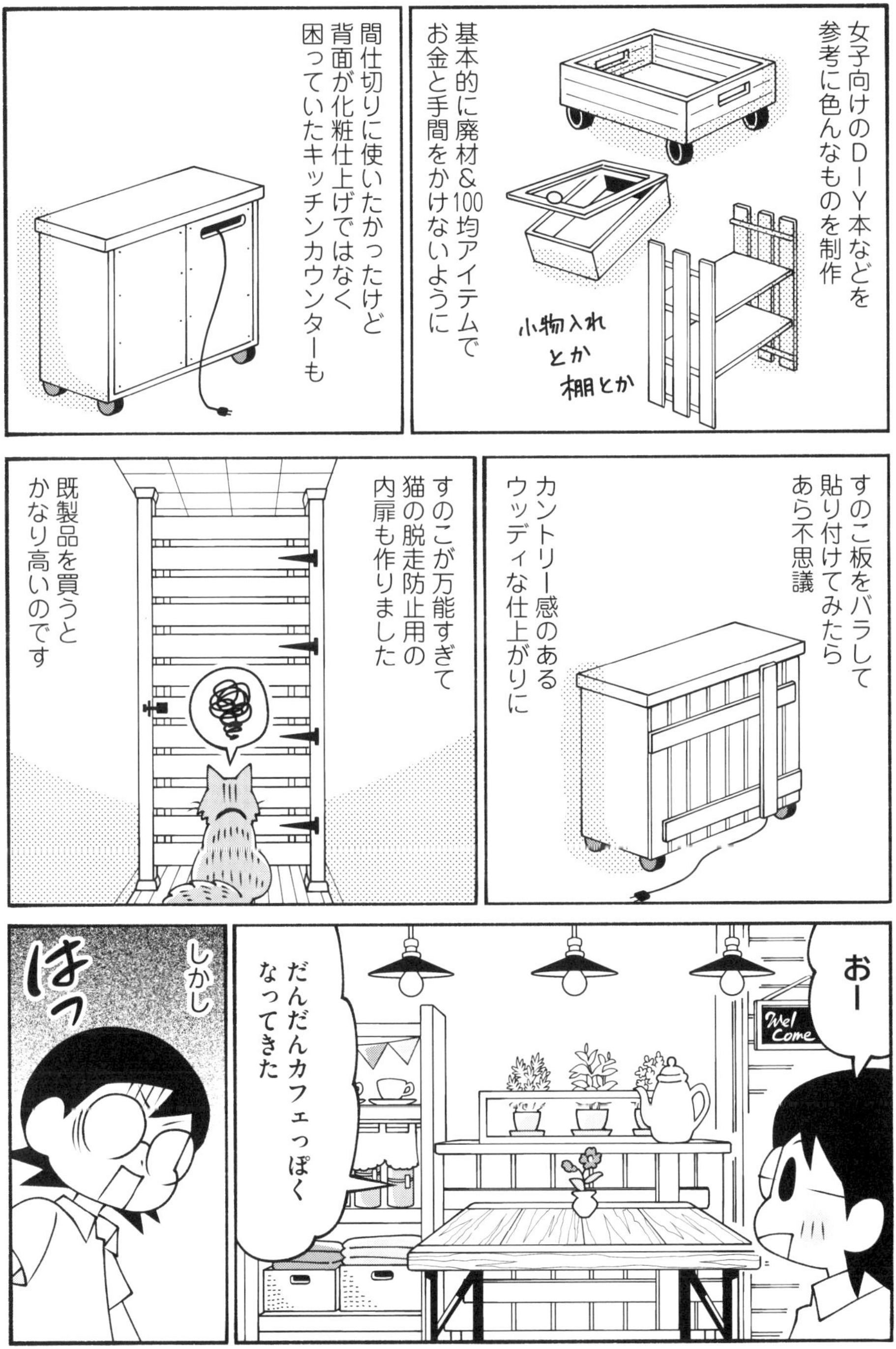
女子向けのDIY本などを参考に色んなものを制作
小物入れとか棚とか
基本的に廃材&100均アイテムでお金と手間をかけないように
間仕切りに使いたかったけど背面が化粧仕上げではなく困っていたキッチンカウンターも
すのこ板をバラして貼り付けてみたらあら不思議
カントリー感のあるウッディな仕上がりに
すのこが万能すぎて猫の脱走防止用の内扉も作りました
既製品を買うとかなり高いのです
おー
Wel come
だんだんカフェっぽくなってきた
しかし
はっ

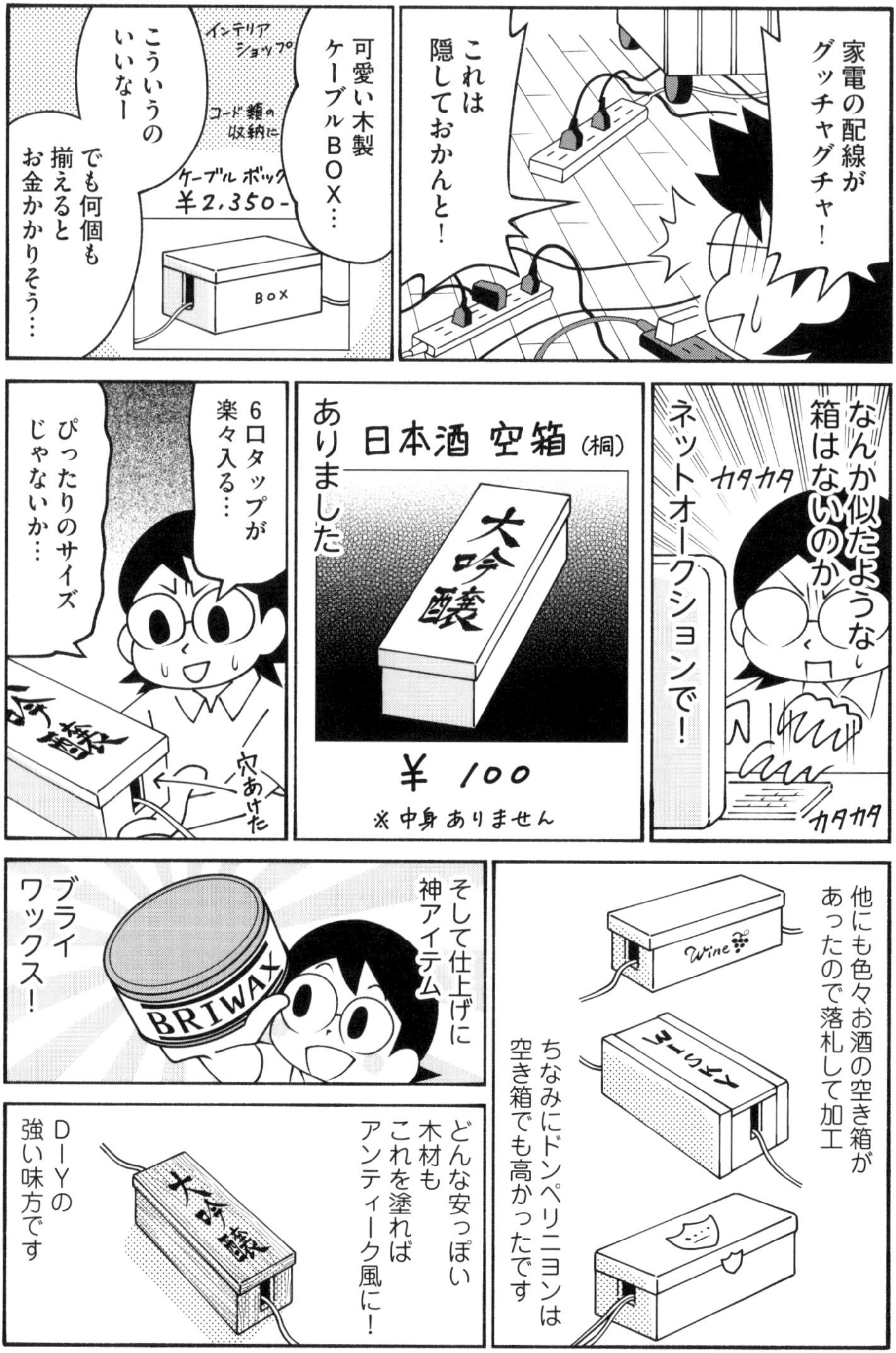
家電の配線がグッチャグチャ！
これは隠しておかんと！
可愛い木製ケーブルＢＯＸ…
インテリアショップ
コード類の収納に
ケーブルボックス
￥2,350-
BOX
こういうのいいなー
でも何個も揃えるとお金かかりそう…
なんか似たような箱はないのかな
ネットオークションで！
カタカタ
カタカタ
日本酒 空箱（桐）
ありました
大吟醸
￥ 100
※中身ありません
6口タップが楽々入る…
ぴったりのサイズじゃないか…
穴あけた
他にも色々お酒の空き箱があったので落札して加工
Wine
ちなみにドンペリニヨンは空き箱でも高かったです
そして仕上げに神アイテム
ブライワックス！
BRIWAX
どんな安っぽい木材もこれを塗ればアンティーク風に！
大吟醸
DIYの強い味方です

さて インテリアには こだわりのない夫ですが
ひとつだけ譲れない ポイントがありました
蛍光灯の光が 苦手なんだよね
できるだけ 落ち着いた あったかい光の 照明がいいなあ
ふむ ふむ
だったら これはどう？
シーリングファン付き スポットライト！
特価
￥19,800
何それ オシャレすぎる！
そんなんウチに 付けられんの？
賃貸でも大丈夫 なんだって
通常シーリングファンは重いため 天井に直接ビス留めが必要ですが
ビス
ビス
賃貸では NG
フック付き
この商品は軽量で 照明の配線器具が この形だと
ビスなしでも 取り付けられる らしいです
なるほど いけるかも！
うちの配線器具の 形を確認だ！

フックなし
…ビス打つ？
ダメだよ！
大家さんに怒られるよ！
賃貸にオシャレすぎる照明は分不相応だと悟った瞬間です
そうこうしてるうちに…
ドザア
ああ！
またつっぱり棚が落ちた！
ここに…
丈夫な作り付けの棚があれば…

何この壁！
ふんっ
押しピンが全然
刺さらない！
ああ…
この壁が一面
コルクボード
だったら…
あそこも
ここも…
そもそも
オシャレ部屋に
するには
壁の色が
明るすぎるし
床の素材も
気にくわない…
あー!!
家
まるごと
いじりてえ!!
賃貸は
もういやだ!!
フォーーッ!
白い壁も
白い天井も
もう飽きた!!
どしたの!?

家が…
家が欲しい…
好きなだけ いじり倒せる マイホームが…
そうか そうか
なんかわかんないけど 色々溜まってたんだな
あ、ちなみに
オレ将来的にはうちの両親と同居を考えてるから
ほう？
それは… 私の好きにできるマイホームは手に入らないということ…？
別に好きにしていいんじゃない？
今の実家の近く（都内）に広めの家買って
みんなで住めたらいいなあって思ってるんだ
なるほどね…
悪くない…

郊外とはいえ
都内でマイホーム
みんなで住むのも
楽しそうだし
悪くない
悪くない
けど…
本当言うと
私…
海沿いの平屋に
住みたかったなぁ
縁側に猫
犬が走り回れる庭
こじんまりとした
古い和室を
ＬＤＫにセルフリフォーム
週末は
釣りなんか
行っちゃったりして
リアル
どうぶつの
もり
釣れた魚を
庭のＢＢＱスペースで
焼いて食べるのよ
妄想
…そんな暮らし
東京では無理だけど
現実的な
家選びをしないと
たま地区
二世帯向け
物件…
同居となると
好き勝手なＤＩＹは
出来ないし
そもそも
レトロ物件好きの趣味が
ご両親と合うかどうか…
ま、私の希望は
夢物語よね
妄想は妄想で
楽しむのが
一番！
とか思いつつ
あれ？
なんとなく
海沿い平屋の
物件を検索
していると

千葉外房 平屋350万円
中古物件
350万円
海まで 5分。
家庭菜
永住用に
安《や》っす!!
神奈川 三浦半島 420万円!
安《や》っす!!
420万円
高台の物件
茨城 鹿島灘《かしまなだ》 250万円!
安《や》っす!!
250万円
サーフィンがで
海沿い平屋って こんなに安いの!?
正直今すぐ 買えるレベル
世の中にこんなに 安い物件があるとは 知りませんでした
この物件 間取りが ちょうどいい!
和室が多いから 一部屋 フローリングにして
キッチンはこのまま 可愛いタイルを貼ろう♪
妄想発動中
まあ、でも 買えた所で
使い道は ないんだけどね

ん？
何この家
400万円
※オーナーチェンジ
「オーナーチェンジ」
「原則自己利用は
出来ません」？
あ、貸家で誰か
住んでるのか
月額40,000円で
賃貸中です。
賃貸借契約
引継要。
自己利用も何も
どうせ私は自分で
住めないしなー…
ん？
貸す？
安い家を買って
好きなだけ
DIYで
リフォーム
完成したら
その後…
誰かに
貸すのも
アリなのでは？

この方法
いいんじゃない!?
思う存分
家がいじれるし!
家賃収入まで
手に入る!!
一石二鳥どころか
私の大好きなものが
全部詰まってる!
海沿いの
平屋大好き
レトロな建具の
可愛いおうち大好き
DIY大好き
都心から離れた
片田舎大好き
それに…
何より…
何よりお金が
好きだから
天才的アイデア!!
空き家
リフォームして
貸す を検索
こんな発想
誰も
思いつくまい!!
ははは
ははは

なんと!
空き家再生
投資ノウハウ
少額戸建で
不動産投資を始めよう!
今話題の
DIY大家
すでに投資の1ジャンルとして確立されてる!!
こんなにたくさん情報が…
空き家再生の先駆者がいる…
…ということは
これって結構手堅い投資方法なのでは…
……
さて
ここに
夫に内緒の独身時代に貯めた貯金
400万円があります
五井三三銀行
ハシモト エミ様
買うか
投資用物件…
こうして私は不動産投資の世界へ足を踏み入れたのです

DIY便利道具図鑑 その①

マキタのコードレス掃除機

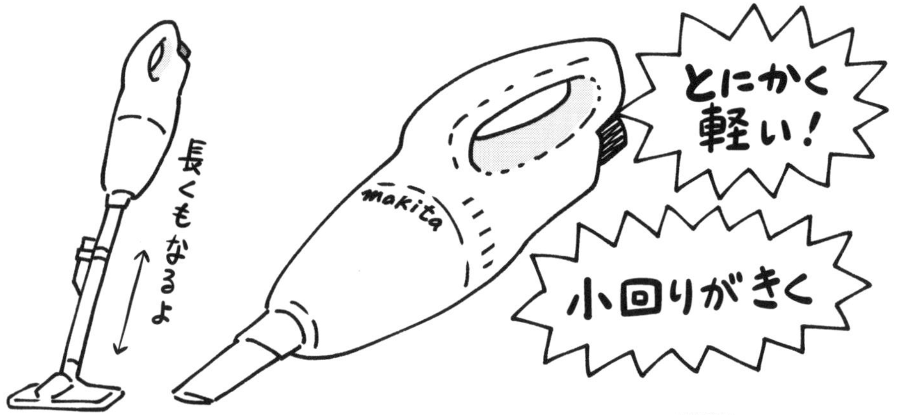
長くもなるよ
makita
とにかく軽い!
小回りがきく

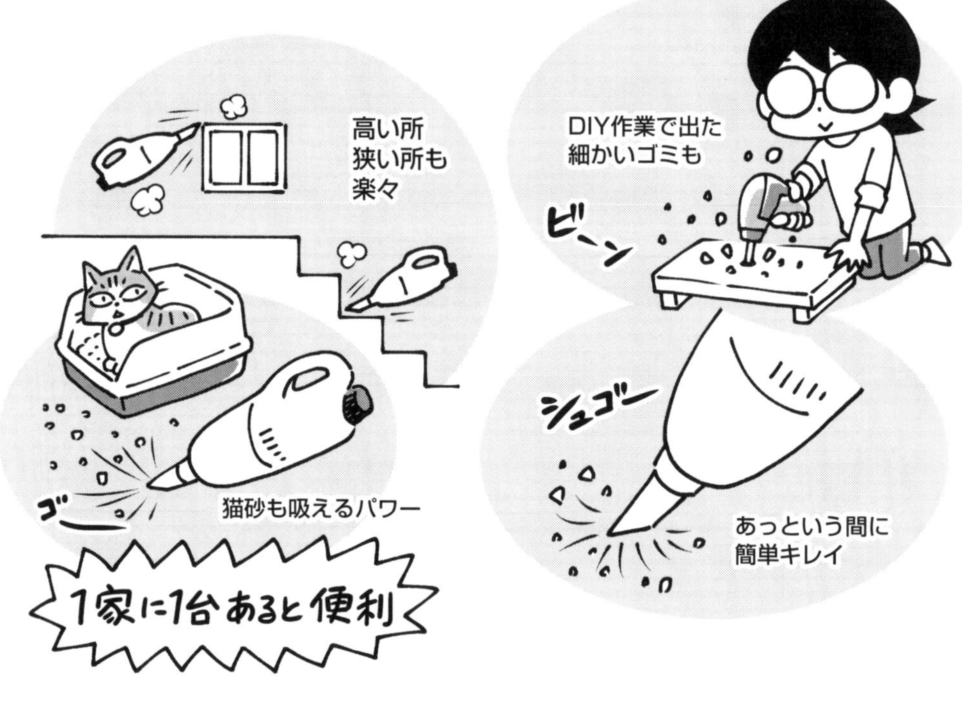
高い所
狭い所も
楽々
ゴー
猫砂も吸えるパワー
1家に1台あると便利
DIY作業で出た
細かいゴミも
ビーン
シュゴー
あっという間に
簡単キレイ

第1章

CHAPTER.01

まるごといじれる家買いたい!
衝撃の物件探し

不動産投資をお勉強

家いじり熱が
どうしようもなく
高まって
安い家を買うと
決めた私は
不動産投資について
情報収集しました
それまで
不動産投資というと
土地
安い土地
買って
地価が
上がったら
ボロもうけや
土地ころがし
土地活用
家賃でガッポガポ
マンションオーナー
くらいのイメージしか
ありませんでしたが
世の中には
色んなジャンルの
不動産投資法が
ありました
地方アパートオーナー
区分マンションで始める投資
民泊
空家投資
テナントオーナー
ゲストハウス運営
各ジャンルで
いっぱい本が
出てる!!
とりあえず自分が
やりたい方向性の
本を購入
ポチ
ポチ
DIY大家
築古戸建オーナー
X00万円
小さくはじめる
投資
本代　¥−10,000

本を読んでわかった不動産投資の基本的な流れはこんな感じです
START
空き家
物件調査
建物の状態をチェック
周辺調査
賃貸需要など
地元の不動産会社に聞き込み
買い付け
価格交渉することも（指値）
融資を受ける
ローン審査
現金払い
引き渡し
晴れて不動産オーナーに
リフォーム
いかに安くきれいに仕上げるかが腕の見せ所
賃貸募集（客付け）
不動産会社に依頼
自分でやる人もいる
入居
大家さんデビュー
退居
管理会社
自主管理
家賃収入（インカムゲイン）
GOAL
売却（キャピタルゲイン）

指値《さしね》とか何とかゲインとか
専門用語がなんか「投資」って感じ！
※アホの感想

不動産投資ではこの家賃収入が重要らしく
入居
家賃収入（インカムゲイン）
年間家賃収入÷物件にかかった費用で「利回り」を出します
家賃
月5万円×12ヶ月
÷
土地・建物
400万円
リフォーム代
100万円
×
100
=
利回り 12%
高ければ高いほどオイシイ物件ということです
本を出しているようなスゴ腕投資家さんたちはとんでもなく高い利回りで運用している様子
利回り20%とか30%とか…
どんな激安物件買ってんだろう…
よーし！
私も高利回り物件をゲットしよう!!
目標利回り20%だ!!
大体の流れがわかったら出来るような気がしてきたぞ♪
早速家探しに行こーっ♫
ねえねえ！
私家買うから！
はあ!?
ひょい

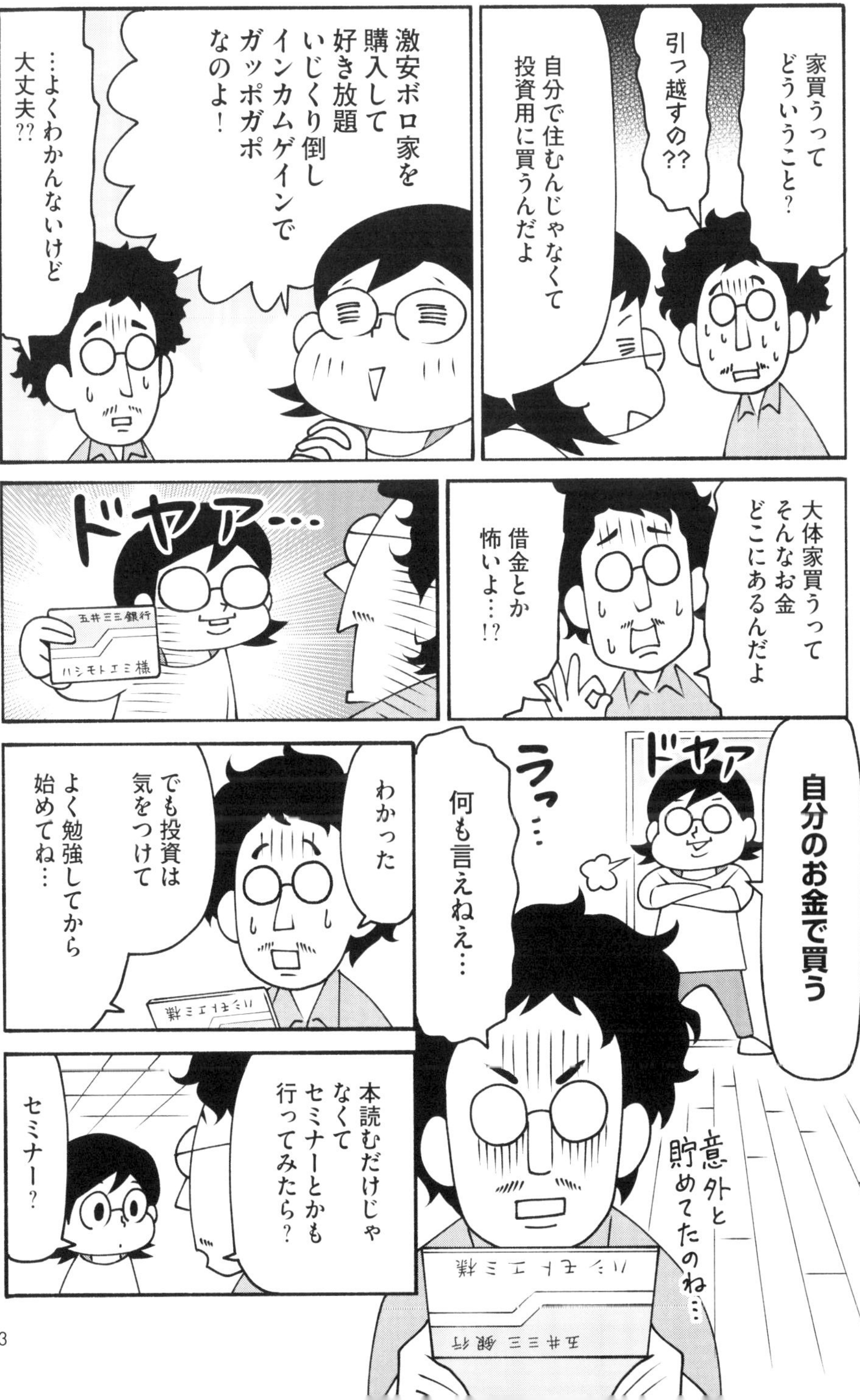
家買うってどういうこと?
引っ越すの??
自分で住むんじゃなくて投資用に買うんだよ
激安ボロ家を購入して好き放題いじくり倒しインカムゲインでガッポガッポなのよ!
…よくわかんないけど大丈夫??
大体家買うってそんなお金どこにあるんだよ
借金とか怖いよ…!?
ドヤア…
五井三三銀行
ハシモトエミ様
自分のお金で買う
ドヤァ
ウッ…
何も言えねえ…
意外と貯めてたのね…
わかった
でも投資は気をつけてよく勉強してから始めてね…
本読むだけじゃなくてセミナーとかも行ってみたら?
セミナー?

セミナーに行ってみた

不動産セミナー
講師の話を聞いて投資の手法を学ぶ勉強会
不動産投資のサイトにセミナー情報が色々載ってます
今月のセミナー情報
＜関東＞
わーいっぱいある！
勉強になりそう！
あ これいいかも
「これから始める初心者のための不動産入門セミナー」
無料だし申し込んじゃえ
ポチッ
内容もよくわからぬまま行ってみました
久々に都心に来たぞー
会場はビジネス街のビルの一角
不動産会社の会議室を使っているようです
仕事帰りのサラリーマンが多いな
女の人も結構いる…

どうもー
こんばんは〜
今日は皆さんに不動産投資の素晴らしさをお伝えします！
セミナー講師として爽やかな青年登場
皆さん！
毎日満員電車に揺られて通勤つらくないですか？
嫌な上司やわずらわしい人間関係！
全部逃れて自由になりたくないですか!?
僕は不動産投資のおかげで経済的自由を手に入れ
サラリーマンを卒業することができたんです！
皆さんにもこうなってほしい

とまあ こんな感じで 熱く 自由の素晴らしさを 語ってくれたわけですが
もう あんな奴らと一緒に 働かなくていいんだ!!
基本的に 会社員であることが 前提の話なので
フリーランスで 引きこもりの自分には まったく関係なく
どっちかっていうと 私人恋しいん だけどな…
そして彼の勧める 不動産投資の内容は
都心の一等地に ワンルームマンション 買って
民泊で 稼ぐ
2000～3000万の 1LDK
私と全然 方向性が 違う!!
講師のお話の後は 主催の不動産会社の人と 面談
という名の営業

(民泊新法が施行される前のセミナーです)

うちはこんな マンション扱って おりまして…
港区 1DK 2880万 3500万
あ… フリーランスの 方ですか…
ですとローンが 難しいかもしれないですね…
投資用でどんな物件を ご希望ですか?
400万以内で 戸建を考えてるんですが…

400万…は
うちでは取り扱いないですねー…
ははははは
ですよね〜…
営業すらされず
おかえり
どうだった？セミナー
場違いでした
やっぱり不動産投資っていうと高収入サラリーマンがターゲットなんだなあ…
はあ…
低収入フリーランスが手を出すもんじゃないのかも…
もうちょっと頑張って自分に合うセミナーを探そ……
戸建賃貸
空家再生
セミナー
カタカタ

有料セミナーに行ってみた

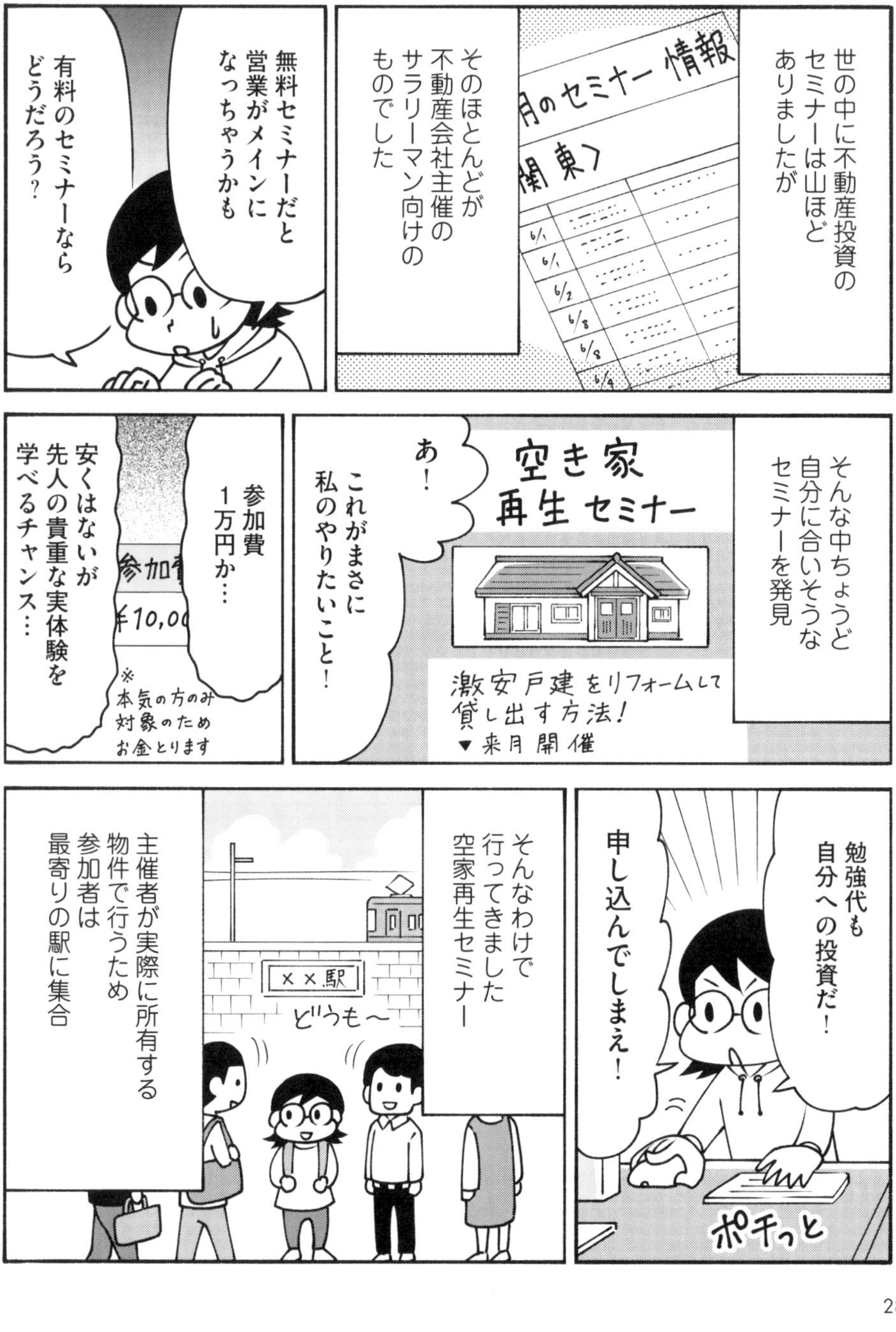

世の中に不動産投資のセミナーは山ほどありましたが
月のセミナー情報
関東
そのほとんどが不動産会社主催のサラリーマン向けのものでした
無料セミナーだと営業がメインになっちゃうかも
有料のセミナーならどうだろう?
そんな中ちょうど自分に合いそうなセミナーを発見
空き家
再生セミナー
激安戸建をリフォームして貸し出す方法!
▼来月開催
あ!これがまさに私のやりたいこと!
参加費1万円か…
参加費
※本気の方のみ対象のためお金とります
安くはないが先人の貴重な実体験を学べるチャンス…
勉強代も自分への投資だ!
申し込んでしまえ!
ポチっと
そんなわけで行ってきました空家再生セミナー
××駅
どうも〜
主催者が実際に所有する物件で行うため参加者は最寄りの駅に集合

どうも こんにちは
主催者は この業界の経験が 長そうな方でした
僕の物件を 紹介しますね
おじゃま しまーす
この物件は 最近入居者が 退去したばかりで
今ちょうど リフォームをしている ところです
おお～
無垢材のフローリング！
フローリングは 実はあまり お金かかって ないんですよ
大体○○平米で △△万円でしたよ
へえ～
どうやらこの方は DIYはやらないが
ここがこうで…
ふむ ふむ
いい業者さんや 職人さんを見つけて 安くリフォームする ノウハウを持っている 投資家さんらしいです

今日は地方で誰も見向きもしないボロ家を再生している方にお話を伺います
ここで本日のメイン講師登場
初めまして！
ではまず僕が実際に購入した家の事例を紹介しますね
そして見せつけられるボロ家の数々
ちょっと引いてる参加者
うわぁ…！
中には萌えている強者も
いい…!!
いいボロ家だ…!!
こういう家をキレイに直して貸し出すのが空家再生投資です
これにはたくさんのメリットがあるんですよ

空家再生投資の
メリット
土地値で安く
物件を買える
戸建賃貸は
需要があるが
供給が少ない
空家放置
問題の解消
なるほどー
でもデメリットも
あるんですよ
まずメンタルの
強さがいります
お化け屋敷
みたいな家
多いし…
ボロッ
あと不動産オーナー
なのに…
保有しても
カッコよくない!!
マンションオーナー
ならまだしも…
こんな物件
持ってるって
彼女に自慢
できますか…?
…確かに

それから実際にリフォームにかかった費用や見積書を見せてくれました
おみつもり書
雨もり修理 一式 ¥×××
壁穴修理 一式 ¥×××
床ベニヤ工事 一式 ¥×××
巾木交換 00m ¥×××
写真撮っていいですよ
パシャ
パシャ
パシャ
これは役に立つかも
壁紙 1m ××円
畳表替え 1枚 ×××円
トイレ工事 1式 ××××円
リフォーム工事とかしたことないけど大体の費用の相場がわかる!
空家再生投資の基本は
・安く買って
・安く直して
・安く貸す
これを守ればローリスクですよ!
家賃安いと借り手見つけやすいですから
あんなボロ家を安く直すか〜難しそう…
DIYでなんとかできるのかな…
他にも細かいリフォーム実例をたくさん教えてもらって帰宅しました

どうだった?
いやー濃かったわ
内容もだけど講師のキャラも
やっぱ無料のやつとは全然違うんだねー
情報ってお金なんだなあと思いました
セミナー代 ¥－10,000

家を探そう!

リアルに空家再生やってる人に会ってやる気が出たわ!
テンション上がった!
セミナー参加者にすでに空家を購入してる人が多かったのも刺激になりました
茨城に300万の家リフォーム中
北海道に80万の家
よーし! 私も家買うぞー!!
まずはこの前見た千葉外房350万円の平屋を問い合わせてみよう

えええ!?
もうない…!!
350万
この物件は終了しました
あの物件もこの物件も…
先月あったのに…!
なくなってる…!!
少額戸建は売れるのが早いことを知りませんでした
なるほど…同じことを考えてる投資家が買っていくんだな…
ライバルが多そうだ…
ぐぬぬ
気を取り直してイチから探そう!
カタカタ
物件の探し方
空家を貸してお金をもらうためにはまず賃貸需要があるかどうかが大事です
かりた〜い
不動産サイトを読み込んで狙う地域の空室率や家賃相場を探ります
安い戸建が多いエリアは空室率も高い…!

気になる物件を見つけたら
ひたすらネットで情報収集
あ、千葉のココいい！
大○てるで事故物件じゃないかどうか確認
東京 30%
千葉 50%
自治体のサイトで住民の構成や通勤先もチェック
MAPを見て学校やスーパーの距離を測る
文
卍
調べすぎてリアルに自分がここに住んでる気になってきた…
そんなことを繰り返していると――
ピコーン
本日の新着物件
お？
千葉外房390万平屋
海まで3分！
新着物件
390万円
土地 200㎡
建物 50㎡
平成5年築!!
この価格帯ではかなり新しい家だ！
周辺も生活便利そう…
実際行って確認したい…！
コンビニ
ドラッグストア
早速不動産会社に内見申し込み
もしもーし
明日見に行きます！
明日!!
一体どんな物件でしょうか

千葉外房390万 和風平屋

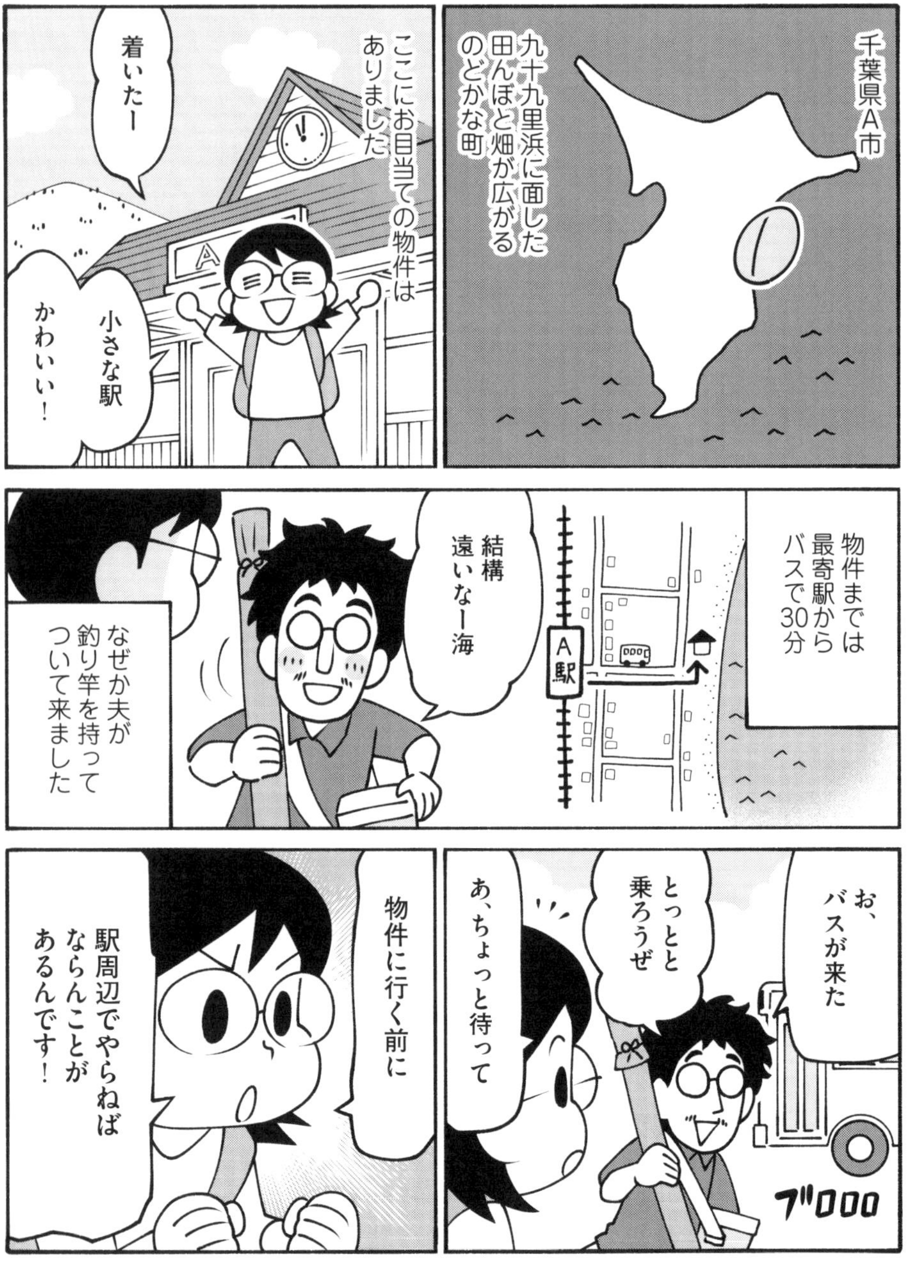
千葉県A市
九十九里浜に面した田んぼと畑が広がるのどかな町
ここにお目当ての物件はありました
着いたー
A
小さな駅かわいいい！
物件までは最寄駅からバスで30分
A駅
結構遠いなー海
なぜか夫が釣り竿を持ってついて来ました
お、バスが来た
とっとと乗ろうぜ
あ、ちょっと待って
ブロロロ
物件に行く前に
駅周辺でやらねばならんことがあるんです！

地元の不動産屋さんに聞き込み！
地元の人じゃないとわからないような町の様子や賃貸需要・家賃相場を教えてもらうのよ！
じもと不動産
空室アリ
ゲームでも初めての町に来たらまず酒場で情報集めるでしょ
きたにマモノがいるぜ
なるほど――
調べたらこの駅周辺には3件の不動産屋がある
ちょっと離れた国道沿いにも何軒かあるけど車で来てないから回れないし
駅
とりあえず一番近いお店から訪ねてみるよ
前住宅
そうかそうか
じゃオレは先に海のほう行ってるね！
たぶんどこかの岸壁にいる！
ブロロロ…
……

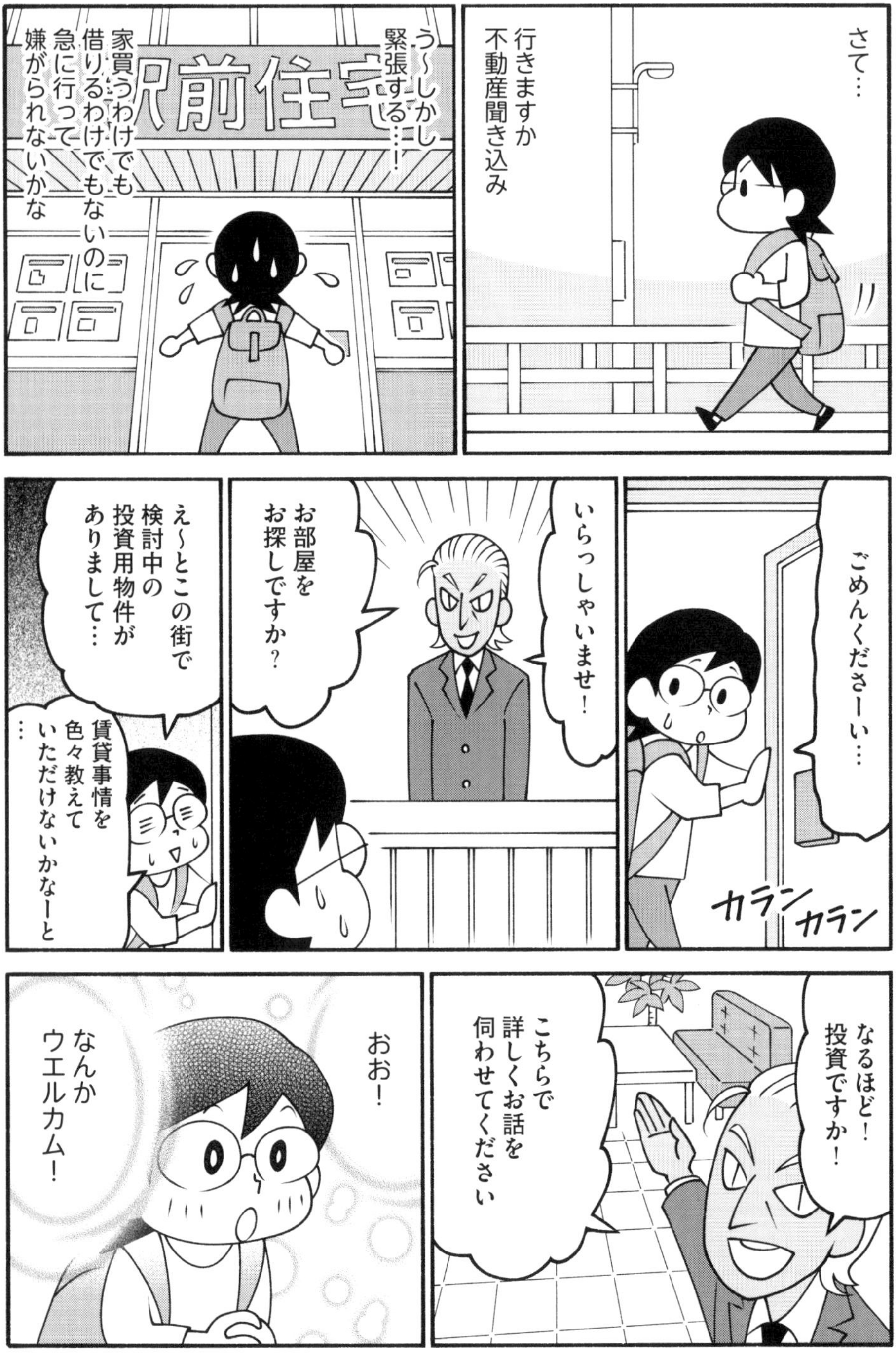
さて…
行きますか 不動産聞き込み
う～しかし 緊張する…!
家買うわけでも 借りるわけでもないのに 急に行って 嫌がられないかな
ごめんくださーい…
カランカラン
いらっしゃいませ!
お部屋を お探しですか?
え～とこの街で 検討中の 投資用物件が ありまして…
賃貸事情を 色々教えて いただけないかなーと…
なるほど! 投資ですか!
こちらで 詳しくお話を 伺わせてください
おお!
なんか ウエルカム!

検討中の物件の住所はどちらになりますか？
A市 KK町です
A市住宅地図
KK町…
市内では一番人気のエリアです！
バスが多いし
買い物ベンリ
それで広さは…50㎡の1LDK…
平成築…
平屋ですか
平屋は人気ありますよ
いいですね！
家賃5万円以上で入居者つくと思います！
賃貸募集の際はぜひうちで！
あれ…？
なんかいい感じ？
聞き込み楽しいかも！
他のお店も行ってみよう！

しかし他の不動産屋は
昼ごはん食べに行ってます。
13:00ごろ戻ります
えぇ??
田舎のゆる〜い感じだな〜
ほっこり
時間もないしもう物件行っちゃお
そしてバスに揺られて30分
ブーン
橋本さんですね
お待ちしてました!
どうぞ物件ご覧ください!
わぁ和風レトロ〜!
売家

和風だけど
あかるーい
そんなに古くさい感じしない
さすが平成築
こちらの物件最近までおばあちゃんが一人暮らししてたんですよ
体が弱ってきたので息子さんと一緒に住むために引っ越されたみたいです
キレイ好きなおばあちゃんだったみたいで
水回りもそのままですぐ使えそうですよ
ほんとだー
LDK12
和6
間取りはこんな感じでーす
投資用だと和室は人気ないので洋室にリフォームしてもいいかもしれませんねー
えぇ～？そうなんですか？
床の間とか障子とかかっこいいのに！

一番の売りポイントはこの広いリビングと広ーいお庭です!!
広―――っ!!
大型犬が飼える!!
明るいリビング…
憧れのシーリングファンを付けたらリゾートっぽくなりそう!
和室は残してもいいんじゃないかな
レトロな建具と古家具が似合ういい部屋になるかも…
ちなみに投資用ですと
大型犬飼育可にすればレアですので入居者まず決まります
この家なら家賃6万いけますね…
庭に車をあと数台置けるようにすればもっと狙えるかも…!!

家賃6万円！
ほぼリフォーム不要の家で…
利回り18.4％！
どうですか？この物件
良い！とても良いです！
貯金はちょうど400万あるし
390万ならギリギリ買えるかな…？
ちなみにお買い上げの場合
●物件価格…390万円
・仲介手数料…17.7万
・登記費用…7.8万
・登録免許税…8万
・印紙代…1万
・固定資産税精算…1万
・火災保険料…5万
などの初期費用を入れて合計およそ**430万円**になります♪
……え？
30万オーバー!?
どうしよう!!

近くの堤防
ザザーン
どうよ
…全然釣れない
そっちは物件どうだった？
すっごく良かった
建物は好みだし利回り悪くないし目の前海水浴場
でも予算オーバー!!
あーーっ
う…ごめん…
お金に関しては助けてやれねえ…
とりあえずちょっと考えさせてと言っといた
ご連絡お待ちしてまーす
そっかー
まあ、いわし丼でも食べながらゆっくり考えたら？
そーねー

外房名物
近くの物産店でいわし丼
もしあの物件買ったらさ
これから夏が来るし
週末はあそこでお泊まり会しない？
いいねえー
ペンキ塗ったり壁紙貼ったり家をＤＩＹして
空いた時間で海水浴したり釣りしたり
夏が終わる頃には賃貸募集して
犬好きサーファーとか家庭菜園を始めたい老夫婦とかに住んでもらうんだ
それいいねー！
なーんて妄想を話してたら
担当のお姉さんからメール
ピローン
橋本様
申し訳ありません。
先ほどの390万物件、
満額で他の方からの
申し込みが入りました。
またの機会によろしく
お願いいたします。
えええええ〜〜〜
まだ数時間前の話!!
良い物件は足が早いと本当に思い知らされました

初めての物件内見が
失敗に終わり
私は敗北感を
味わいました
もっとお金を
持ってたら！
迷わずあの家
買えたのにー!!
まあまあ
ゲーマーの君にも
わかりやすく言うと
あの家は攻撃力高めの
戦士だったんだよ…
攻撃力
60,000
冒険の序盤にいれば
心強い味方に
なったはずなのに
自分のスペックが
低くて仲間に
できなかった…
なるほど…
よくわからんけど
わかった
最初の町で
つまづいてる
場合じゃない！
早く冒険を始めたいよー
物件検索！
しかし探しても探しても
あの物件ほど
好条件の家は
出てこず
う〜ん
これとかどうかなー
千葉県B市
350万円
平成元年築
外房の違うエリアで
350万円

パステルピンクの外観が可愛い洋風の平屋
庭も広そう
車3台 駐車可
でも駅も遠いし海も遠いし
物件
30分
30分
海
B駅
商業施設
エリア
周りにお店も何もなさそうなんだよな～
…ここはちょっと気分転換に
さいたま
逆方向の海なし県
埼玉の物件でも調べてみるか
埼玉は今住んでる東京郊外から電車で行きやすく
300万円代の物件もよく出てくるのです
埼玉
すぐ
東京
ウナ
都心
なんとなく問い合わせた埼玉の不動産会社がメールで物件をたくさん紹介してくれました
ピコーン
インターネットに載る前の未公開物件だ
安っ!
うちから電車で1本の所に300万円の家が!
300万円
築45年
近いしちょっと見に行ってみようかな
軽い気持ちで見に行くことにしました

埼玉300万 狭小戸建て

自宅から電車で20分駅から徒歩20分
計40分で行ける距離に300万の激安物件がありました
C駅
同じ沿線住んでるけどこんな駅あるって知らなかった
見渡すかぎり畑！
橋本さーん
こんにちはー
駅から物件までは不動産屋さんの車に乗せてもらいました
300万はこの辺でも珍しい安さですよ
僕は値付けを間違ってると思うんですよね
物件はこちらになります
あれ？
パッと見フツーの家ですね

築45年なんで
あちこち傷《いた》んでますけど
先月まで
貸家にして
入居者さん
住んでた
らしいですよ
へぇ～
全然アリじゃん！
と思った私の甘い考えは
おじゃましまーす
家に一歩入った瞬間
打ち砕かれました
ん？
何これ…
臭い!!
プーン
この家めちゃくちゃ
臭い!!!
目に染みるほど
クサい――!!!
フーん
前の入居者さん
犬飼ってたみたいですね
よく見ると床にも
壁にもおしっこの跡
建具はほとんど
かじられてボロボロ

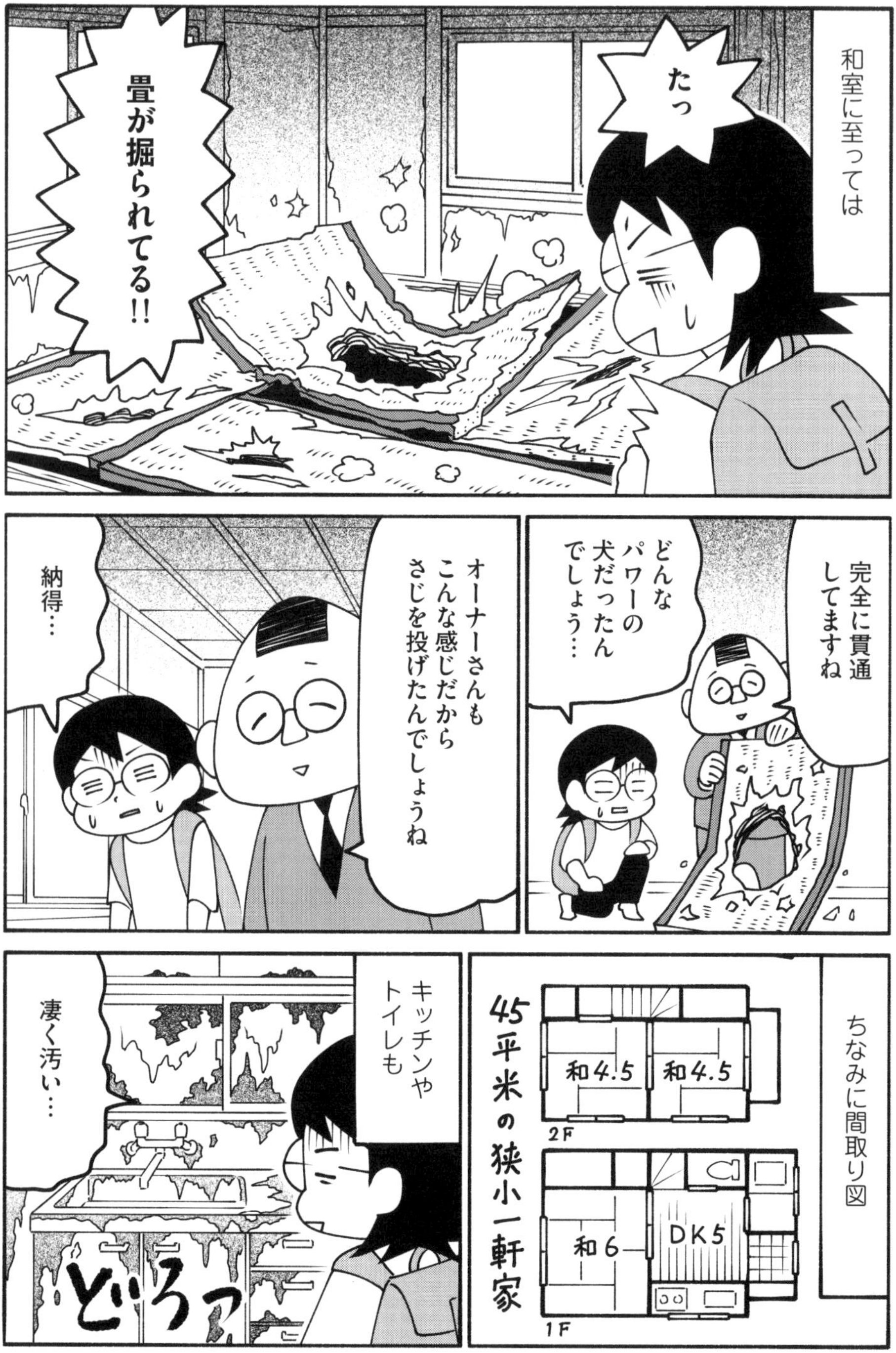

和室に至っては
たっ
畳が掘られてる!!
完全に貫通してますね
どんなパワーの犬だったんでしょう…
オーナーさんもこんな感じだからさじを投げたんでしょうね
納得…
ちなみに間取り図
45平米の狭小一軒家
2F
和4.5
和4.5
1F
和6
DK5
キッチンやトイレも
凄く汚い…
どろァ

お風呂は洗面所と洗濯機置き場兼用
ぎちっ
うーん…
使い勝手が悪そうだ…
って言うかこの家…
住める人いるの…!?
見た目ヤバイですけど床とかしっかりしてるからいけますよ
ドンドン
…そんなもんなんですか?
ぜひご検討くださーい
…はあ
とりあえず…
近所の不動産屋さんに聞き込みに行こう
C駅住宅
売買
賃貸
管理
へえ~
戸建賃貸やろうとしてるの
駐車場
売土地

この辺戸建は
需要あるよ
あんまり出てこないし
1LDK
こないだも一軒
入居決まった所だよ
50㎡ないなら
家賃5万円
くらいかなー
そうですかー
うーん…
利回りは
悪くない…
表面利回りで
20%
アリっちゃアリだけど
ビミョーだなー
リフォーム代いくらかかるか
わからんし
何より私の憧れの
平屋じゃない！
ぐっ
もしもし
外房B不動産
ですか？
結局気になってた外房の
350万円洋風平屋を
見に行くことにしました

千葉外房350万 洋風平屋

翌日
私は再び外房へ
B駅
前回来た時とは
違う駅ですが
似たような所です
駅から物件まで
車で20分
バスがあまりないので
車で迎えに来て
もらいました
お待ちして
おりました
キリッ
橋本様!
どうぞお乗りください
ピシッ
は…はい
物件に行く途中で
あれ?
この辺
同じような
洋風平屋が
多いですね
そうですね
皆同じ平成初期に
建てられた物件です

この辺はバブルの頃に買い漁られた所なんですよ
あの頃不動産は買えば必ず値段が上がると信じられていましたから
こんな田舎の土地でも都会のサラリーマンがこぞって購入し
投資用の家を建てました
しかしバブルははじけ土地の価値はなくなり
暴落
何もない地方の土地は売るに売れず塩漬け状態…
それで今回のような破格の値段の物件が出てくるんですね
そういうことだったんですか
バブルってすごかったんですねー
ええすごかったですよ
私はその頃世田谷で3000万円で区分マンションを購入し
バブルがはじける直前に倍の値段で売り抜けました
はっはっは
ロレックス

さて
橋本様
物件に到着
いたしました
…え!?
ぴたっ
ここですか!?
めっちゃ
草ボーボー!!
写真と
違う!!
こないだ
草刈りしたん
ですけど
ふんっ
この時期は
仕方ないですね
バッサ
バッサ
ひぃぃ〜
玄関が
遠い!!
バッサ
バッサ
物件概要
平成元年築
和6
洋6
LDK11
52平米　2LDK
まあでも
中は
普通かな?

壁紙に猫の爪とぎ跡があったり
ドアノブ壊れてるとこがあったりするけど
すぐ直せそうだし
たぶん
これ、雨漏りのしみですね
ほー
たぶん昔のやつで直してるとは思いますが…
そういえば雨漏りの跡とかシロアリの跡とか
今まで住んでた賃貸で見たことないからわかんないや
このオジ様のチェックポイントを勉強させてもらお
これ、地震でできたクラックだと思います
ふむふむ
修繕費は多少かかると思いますが
賃料5万円取れたとしたら表面利回りで17%
ぴっぴっぴっ
悪くはないと思われます
なるほどー

※表面利回り＝諸経費を入れない、物件価格のみで出す利回り

いかがでございましょうか
うーん、ちょっと気になる所もあるので
もう少し考えます
よろしくご検討くださいませ
ありがとうございます
建物はかわいいいんだけどな～
果たしてあんな何もない場所で
入居者はつくんだろうか!?
最寄りの不動産屋さんで
B駅ハウジング
とにかく聞き込みをしよう！
不動産屋に飛び込みで行って話を聞くなんて最初はハードル高くて怖かったけど…
すみませーん
何も話を聞かずに物件買うほうがよっぽど怖い…!!
なんスか？
あのー
投資用物件のことでご相談したいんですけど…

ああ〜投資？
この辺最近増えてんスよね〜
投資家
安い戸建買って賃貸に出すの流行ってんスか？
そうなんですか？
入居者？
ぷいっ
つくんじゃないですかねー
たぶん
…なんか
ビミョーだなあ…
帰り道
悩みながら
物件検索をしていると
新着で埼玉の駅近120万の平屋が出現
!!
なんじゃあこの物件…!!
120万円
本日新着
やっす!
駅スグ!!

埼玉120万 駅近平屋

突然現れた埼玉激安駅近物件
ZZ駅
徒歩3分
小ぶりでかわいい1DK
和8
120万
1982年築
建物30㎡ 土地40㎡
知らない路線の知らない駅だけど都心まで1時間の通勤圏内
駅近なら
生活便利で入居者すぐ見つかりそう!
ねえねえ!!
すごい物件見つけたよ!
わっ
120万円のお宝物件
激安ボロ家だけどすっごいポテンシャル高そう!!
120万の家なら初期費用払っても250万円残るし
お金かけたオシャレリフォームができるのかも!!
へえ〜

天井抜いて ロフト作って みたり…
無駄に システムキッチン 入れてみたり…
夢が 広がる!!
学生もいるみたいだから オシャレな若者とかに 家賃5万円以上で 貸せるのでは!?
大学
翌日――
じゃ!
120万物件 内見してきまーす!
ふらぁ～
行ってらっしゃーい
…ってすごい目のクマ!
昨日テンションが 上がりすぎて 一睡もできなかった…
そんなんで 大丈夫!?
いやー 物件が楽しみで たかぶりすぎちゃった
これで内見して ダメダメだったら テンションの墜落死 するかも…
高
低
どーん
落差で死ねる
死なないように 祈っててください
…わかった

ウキウキしながら
電車を乗り継ぎ
ガタン
ゴトン
目当てのZZ駅を
目指しました
ZZ駅〜
ZZ駅〜
ここか！
降りたったら
そこは
霧の町でした
うわぁ…
何も見えない…
駅の周りは
かすかにお店が
何軒かある程度
なんか…
人の気配が
全然ない…

○×住宅
あ、不動産屋がある！
内見まで時間あるから聞き込みしとこう
ごめんくださーい
え？何？
投資をやるだって？
あんたこの街を知らねえのか？
悪いこた言わねえから物件買うのはやめな…
え？
ここは…
埼玉で一番人気のない町だよ!!
!??
…にんきがない!?

どういうこと!?
この街は一体
どういう町なの??
ZZホーム
もう一軒!
不動産屋の話を
聞いてみよう!
すみませ〜ん
お話聞かせて
くださ〜い!!
投資…
ねえ…
ちょっと
待ってて
ガサゴソ
…たとえばこの物件
すっ
君みたいな
若い投資家が
オシャレにリフォームした
駅近の3LDK
一戸建だよ
貸家
駅近!
ファミリー向け
3LDK
こんな家がこの町には
たくさんあってね…
はぁ…
家賃4万でも
長いこと入居が
決まってないんだ…

学生向けを狙っても相場は1～2万だよ
土地が狭いと最悪駐車場にもならないし…
僕に言わせればその検討中の物件
120万円でも高いよ？
どうやらこの町はもともと魅力がないのに値段の安さから投資家が増え
賃貸需要のバランスが壊れた地域みたいです
ネットの情報だけではこんなことわからなかった…
そして物件に到着
あ、
橋本さんどうもー

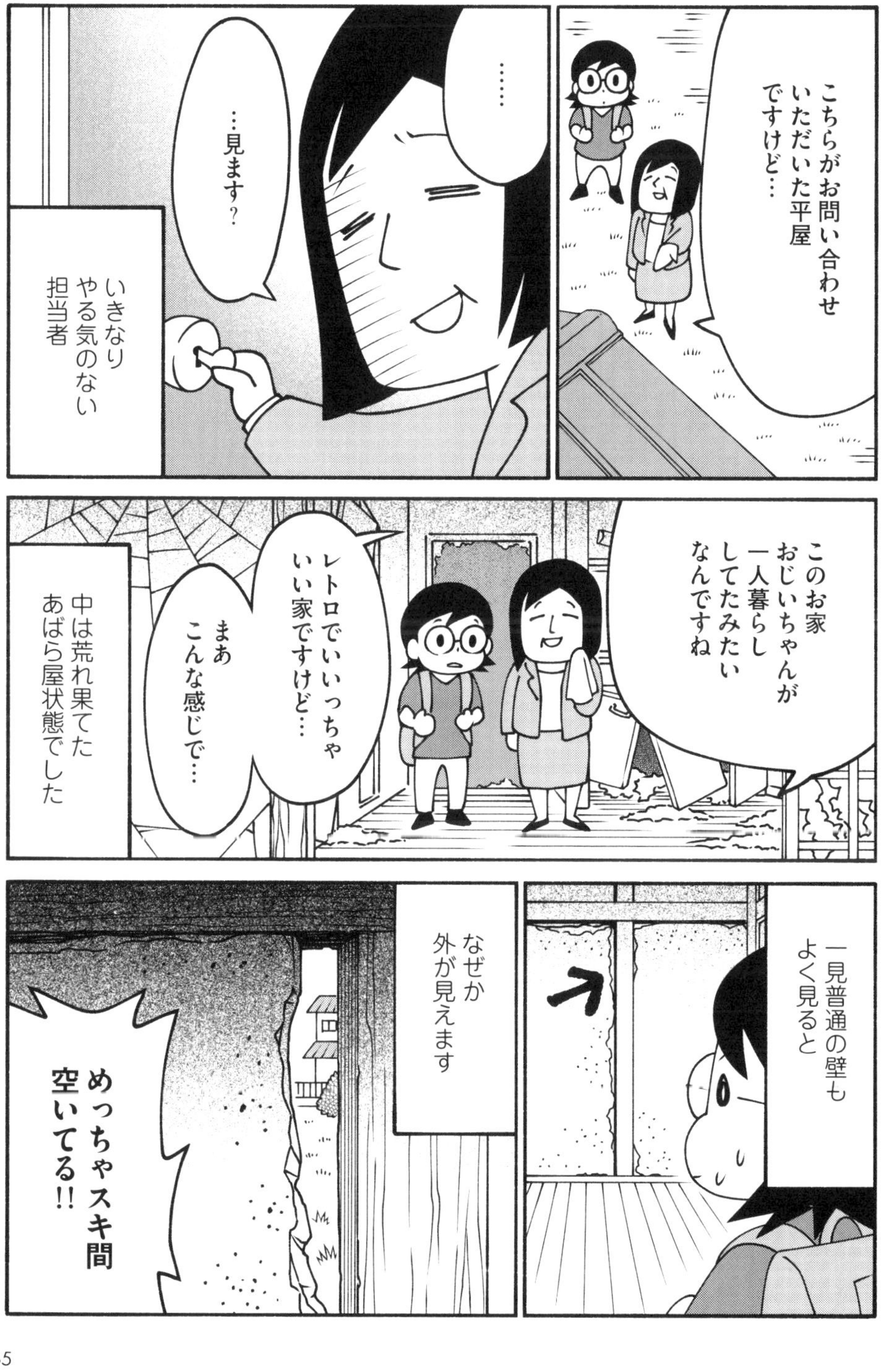
こちらがお問い合わせいただいた平屋ですけど…
……
…見ます？
いきなりやる気のない担当者
このお家おじいちゃんが一人暮らししてたみたいなんですね
レトロでいいっちゃいい家ですけど…
まあこんな感じで…
中は荒れ果てたあばら屋状態でした
一見普通の壁もよく見ると
なぜか外が見えます
めっちゃスキ間空いてる!!

水回りも
ボロボロの壊滅状態
トイレはウォシュレットなんですよ
ほっ
ほんとだ
トイレだけはやっぱり
キレイなほうがいいですよね
パカッ
わーーん
ギャアアアーア
どうしましたか!?
小バエ!!
小バエだけどめっちゃ大きい!!
大《おお》小《こ》バエ!!
どうでもいい豆知識
小バエは大きくなってもハエにはならないみたいです
コバエ
大コバエ
ハエ

はぁ…
はぁ…
疲れた…
…どうでした？
この家
値段も安いから
お問い合わせが
すっごく多くて…
紹介しといて
なんですけど
私古い家の何がいいのか
さっぱりわからないの…
最初から最後まで
やる気のない
担当さんでした
夫に報告
どうだった？
落差死に
とまあ
こんな感じで
短期間に何軒か
物件を見に
行きまして
色々迷った末
このうちの一軒を
買うことに
なりました
家を買ってからが
本当の苦行の
始まりです…

DIY便利道具図鑑 その②

ネジザウルス

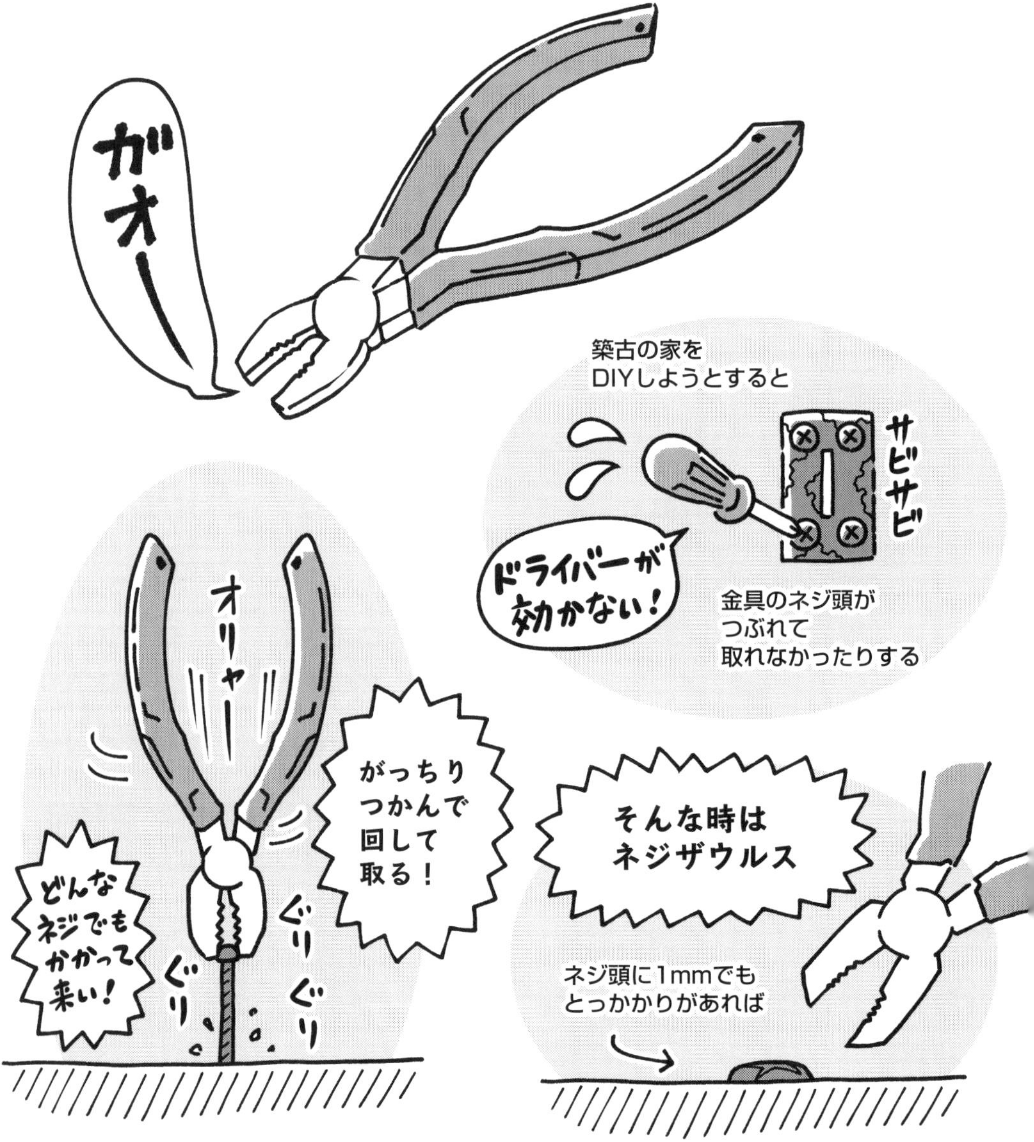

第2章

CHAPTER.02

念願の家を手に入れた!
まずは何する?

家を買う決意

埼玉の霧の町で見た120万円の物件は
流石に怖くて買うのはやめました
あそこまで反対されて買える人がおるかいな
やめろ
やめろ
ところが2日後
ネットから情報が消えてる
誰かが買ったんだ！
すごいチャレンジャーだなあ…
いや…
あの家は素人ではわからない価値が何かあったとか…？
世の中には色んな人がいるもんだと思いつつ
検討物件の土地の価値などを調べてみました
あれ？
2軒目に見た埼玉狭小2階建て
売値 土地値
① 外房 和風平屋 390万↘150万
② 埼玉 狭小戸建 300万↗400万
③ 外房 洋風平屋 350万↘135万
④ 埼玉 駅近平屋 120万↘100万
土地値が思ったより高い！
土地値：固定資産税路線価×平米数で計算

僕は値付けを間違ってると思うんですよ
なるほど
こういうことだったんだ
もしかしてあの家…
おいしい物件なのかも…?
売る時高く売れそう
そんな時タイミングよく不動産会社からTEL
あ、
RRR
着信
おにぎりさんだ
もしもし
先日見てもらった物件そろそろインターネットで公開しようと思うんですが
橋本さん購入どうされるかなーと思って…
いいかなーと思ってはいるんですが…
うーん…
やっぱりおしっこ臭いし汚いし…
築年数古いと地震も心配だし…
住んでくれる人がいるのか不安で…
そうですか
でしたら…
今度は旦那さん連れて内見してみてはどうですか?
また違った見方ができるかもしれませんよ?

なるほど…
そして次の休みの日――
夫を連れて再び埼玉C駅へ
C駅
おー
近いじゃんこの駅
へーこれが300万の家!
ぷ〜ん
なんか懐かしいにおい〜
築45年の家かあ
うちの実家も同じくらいだよ
全然住めそう
ええっ!!?
汚いし臭いし…洗濯機置き場が風呂場の家だよ…!?
えっ!?
何か問題!?

まったく何も気にしない人間がここにいた…！
鼻悪いの!?
いーんじゃないの—この家—
ここだったらさ
今の家と同じ沿線だし
オレいつも通り会社に通えるし
入居者入らなかったらここ住んでもいいよ
外房からはムリ
ん？
今なんて？
投資の中では比較的ローリスクと言われている不動産投資
それでも入居者が入らなかった時のリスクはあるわけだけど…
最悪自分で住んじゃえば
ノーリスクじゃないか!!

売り値より土地値のほうが高いから売却時に損が出なさそう
入居者が見つからなければ自宅としても使える立地
あれ…？
この家だんだん良く思えてきたぞ？
でも…当初の希望と
海沿いの平屋
縁側
広い庭
全然違う！
投資家目指すなら今後も家買うんでしょ？
最初の一軒は練習台にして
好き放題いじって失敗したら売っちゃえばいいんじゃないかな
すごく無責任な提案！
橋本さんどうでしょう
僕からもご提案ですが

この家250万なら買いませんか？
いきなり50万円引き!?
僕、値引き交渉で使ってみたい技があるんですよ
技!?
そんなんあるの!?
え～っと…
表面利回りで24%…
買います
ドン
こうして初めての物件購入決定
翌週50万円値引きを売主さんが了承したとの連絡
技が効いたんだ…!
おにぎり
週末に物件契約です。
現金２５０万
その他諸費用
お持ち下さ
とんとん拍子に話が進んで家を買うことになりました

物件契約

物件契約の日
前日銀行でおろした現金250万＋初期費用25万をカバンに詰めて出発
電車でおにぎりさんのいる不動産会社へ
ドキドキ
今追い剥ぎにあったらやばい…
キンチョー
橋本さんいらっしゃい！
遠い所わざわざどうも
まずは宅建士おにぎりさんによる
この物件は建ぺい率××％容積率××％角地なので緩和が…
物件の重要事項説明（長い）
ふむふむ
続いて司法書士さん登場
物件の登記をお願いして報酬をお支払いします
このあと私が法務局に行ってこれこれこーいう手続を…
ふむふむ

あとは売主さんが来るのを待ちます
売主さん ご高齢の方ですので 移動に時間が かかっているみたいです
そういえば50万円の値引き交渉
一体どんな技を使ったんですか??
ああ
最初に200万で売ってくれと打診したんです
その後250万に上げればそれならいいかって
シンプルな技!
流石に200万て言った時は売主さん怒ってましたよ
大丈夫なんですか? それ
30分後 売主さん到着
よぼ…
資産家っぽいご夫婦
お待たせしてすみません
いえいえ
よかった… 怒ってなさそう…

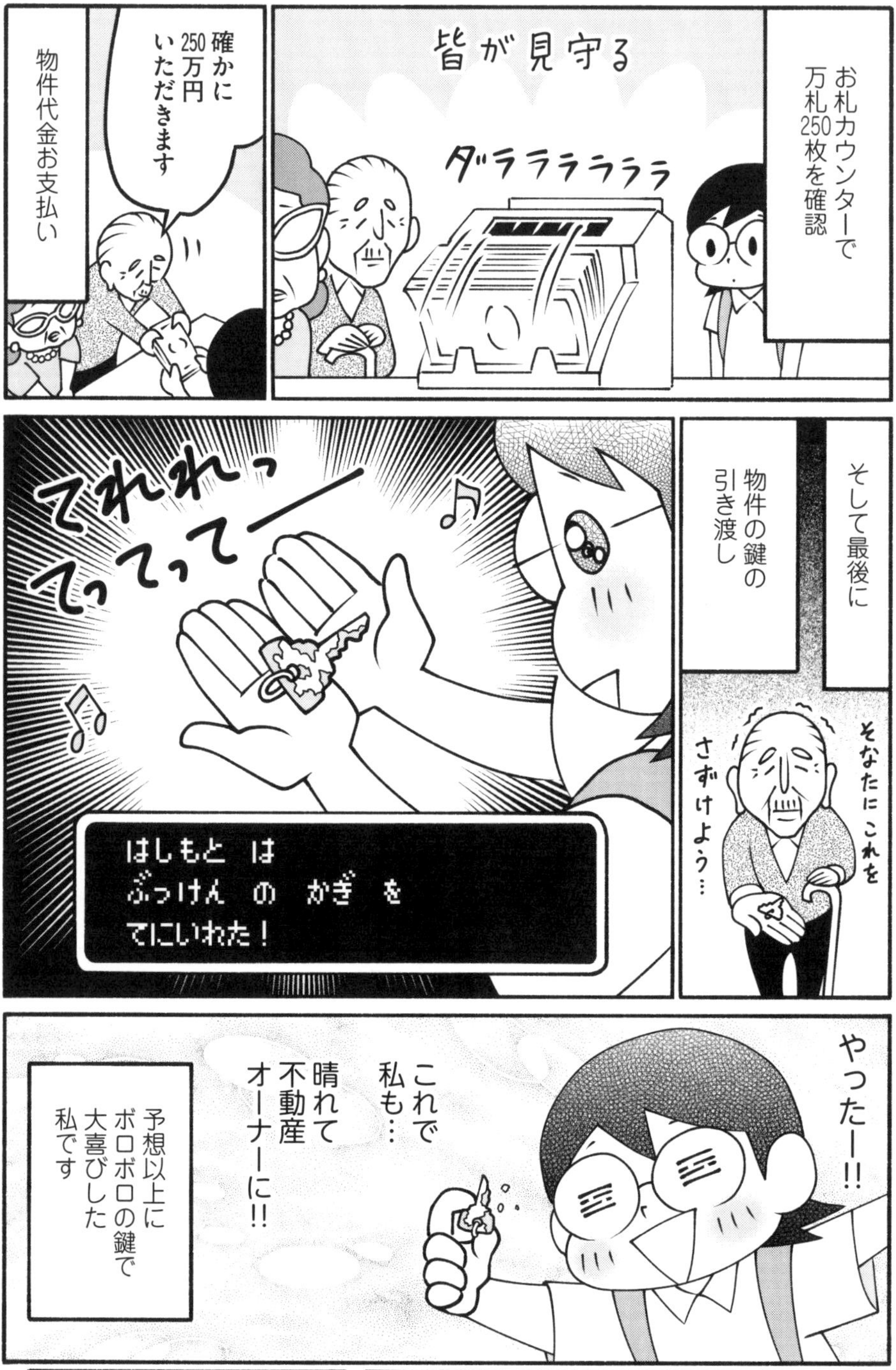

お札カウンターで
万札250枚を確認
皆が見守る
ダラララララララ
物件代金お支払い
確かに
250万円
いただきます
そして最後に
物件の
引き渡し
そなたにこれを
さずけよう…
てれれっ
てってってー
はしもと は
ぶっけん の かぎ を
てにいれた！
やったー!!
これで
私も…
晴れて
不動産
オーナーに!!
予想以上に
ボロボロの鍵で
大喜びした
私です

物件代金 ￥−2,500,000

初期費用 ￥−250,000

お隣さんにご挨拶

物件の鍵を手に入れた私は
その足で百貨店に行き粗品タオルを買いました
購入した物件の周りは住宅が密集していて
すぐ隣にまったく同じような家が建っています
すごく近い
まずはお隣さんにご挨拶しておこう
ピンポーン
これからリフォームで迷惑かけるかもしれないし
…はい？
あのー私この度隣の空き家を購入しまして……
粗品
まあ！
あの家買った人がいるの！
どうぞどうぞ上がって！
コーヒーゼリーもあるわ！
お隣さんはとても人懐っこいおばあちゃんでした

隣の家は まったく同じような 建物なのに
中はピカピカです
ウチと隣の家は 45年前の建売でね
新築当初は 子どもが たくさんいて にぎやか だったのよ～
隣はお父さんが 亡くなってから 誰かに売って 長いこと貸家に なってたんだけど
この前の入居者が とんでもなくてね…
恐ろしい犬を 飼ってたの…!!
黄色くて毛の長い… 人を食べそうな大きい 恐ろしい犬よ!!
ベランダに出て しっぽを振る音が ここまで聞こえて くるのよ!!
ブン ブン
ああ 恐ろしい! 恐ろしい犬よ!
ブン ブン
ブン ブン
何が恐ろしいのか わからんけど…
ゴールデンレトリーバー だったんだな…

リフォームで困ったことがあったら言ってね
相談にのるしお掃除も手伝うわ
ありがとうございます!
このお家キレイにリフォームされてますね
参考にしたいです!
あらそう!
うれしいわ!
リフォームに大体600万くらいかけたから
ろ…っ
絶句
この家はなんにも参考にならないと悟りました
そして現実へ——
うう…汚い…
隣の家とは天国と地獄の差…
さて…
一体何から手をつけよう??

リフォームの見積もりを取る

途方に暮れてても
しょうがない…
何か動かないと…
よし！
まずはリフォームの
予算を決めよう！
貯金の400万から
物件代金とか
諸費用引いて
残りは約120万円
400-250
-25-その他もろもろ=120
全部使ってもいいけど
家賃5万円で
貸すとして
やちん
5万円×12ケ月
トータル350万円
×100
=17%
高利回りを目指すなら
リフォーム70万円で
利回り17%くらいが
理想かな
目標は
70万円リフォーム!!
70万
かなりキツイけど
セミナーでも
やってる人いたし
いけるっしょ！
細かい所はDIYで
なんとかする予定だから
大掛かりな修繕を
安くやってくれる
業者さんを探そう
さいたま県C市
格安リフォーム
ポチポチ
DIY相談
賃貸物件工事

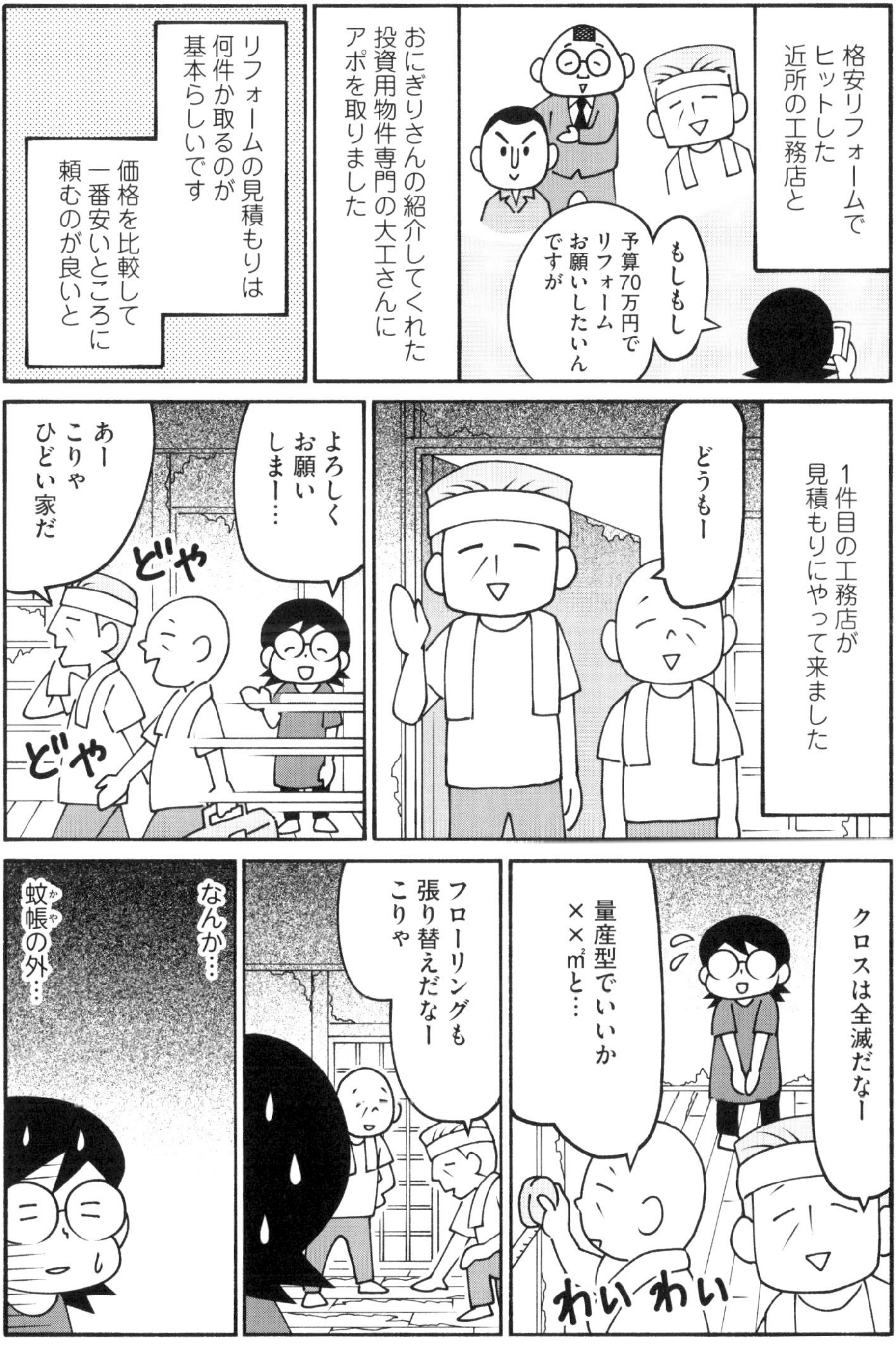
格安リフォームで
ヒットした
近所の工務店と
もしもし
予算70万円で
リフォーム
お願いしたいん
ですが
おにぎりさんの紹介してくれた
投資用物件専門の大工さんに
アポを取りました
リフォームの見積もりは
何件か取るのが
基本らしいです
価格を比較して
一番安いところに
頼むのが良いと
1件目の工務店が
見積もりにやって来ました
どうもー
よろしく
お願い
しまー…
あー
こりゃ
ひどい家だ
どや
どや
クロスは全滅だなー
量産型でいいか
××㎡と…
わい
わい
フローリングも
張り替えだなー
こりゃ
なんか…
蚊帳《かや》の外…

じゃ、見積もり できたら 送りますんで
は…はぁ…
ああとね 奥さん
この家… 屋根死んでるよ
な…何それ!?
2件目の大工さん 登場
どうも!
おにぎりさんの 紹介で来ました!
投資物件 なんですよね
だったらなるべく 費用かけない ようにしましょう
こういう クロスの汚れも 水回りの汚れも
ハウスクリーニングで なんとか なりますよ
おー
この人なんか 頼もしい…

じゃ、見積もりできたら送りますんで
よろしくお願いします
とりあえず「住めるレベルで」とリフォーム頼んだけど
これでいいのか…？
数日後——
A工務店
見積もりが届いてる
一体いくらぐらいになったかなー
内装工事100万
屋根修理100万
合計200万です
工務店
計 2,000,000
…高っ!!
2件目は!?
2件目の大工さんは!?
合計230万です
つもり書
計230万
無理ーー!!
リフォームは基本的に高い買い物でした

屋根が死んでいる

安い安いと
うたっていた業者が
2組とも200万円超え…
このままじゃいかん!!
見積書をよく
見直そう
一体何がこんなに
高くなってるの??
答えは
明確でした
この家…
屋根
死んでるよ…
屋根の修理費用が
とんでもないことに
なっていたのです
2組とも
100万超えのお見積もり
A工務店 B工務店
軒天修理
¥107,800 ¥87,30
足場代
¥69,550 ¥130
塗装
¥850,000 ¥1,1
合計
¥1,027,350 ¥1,317,

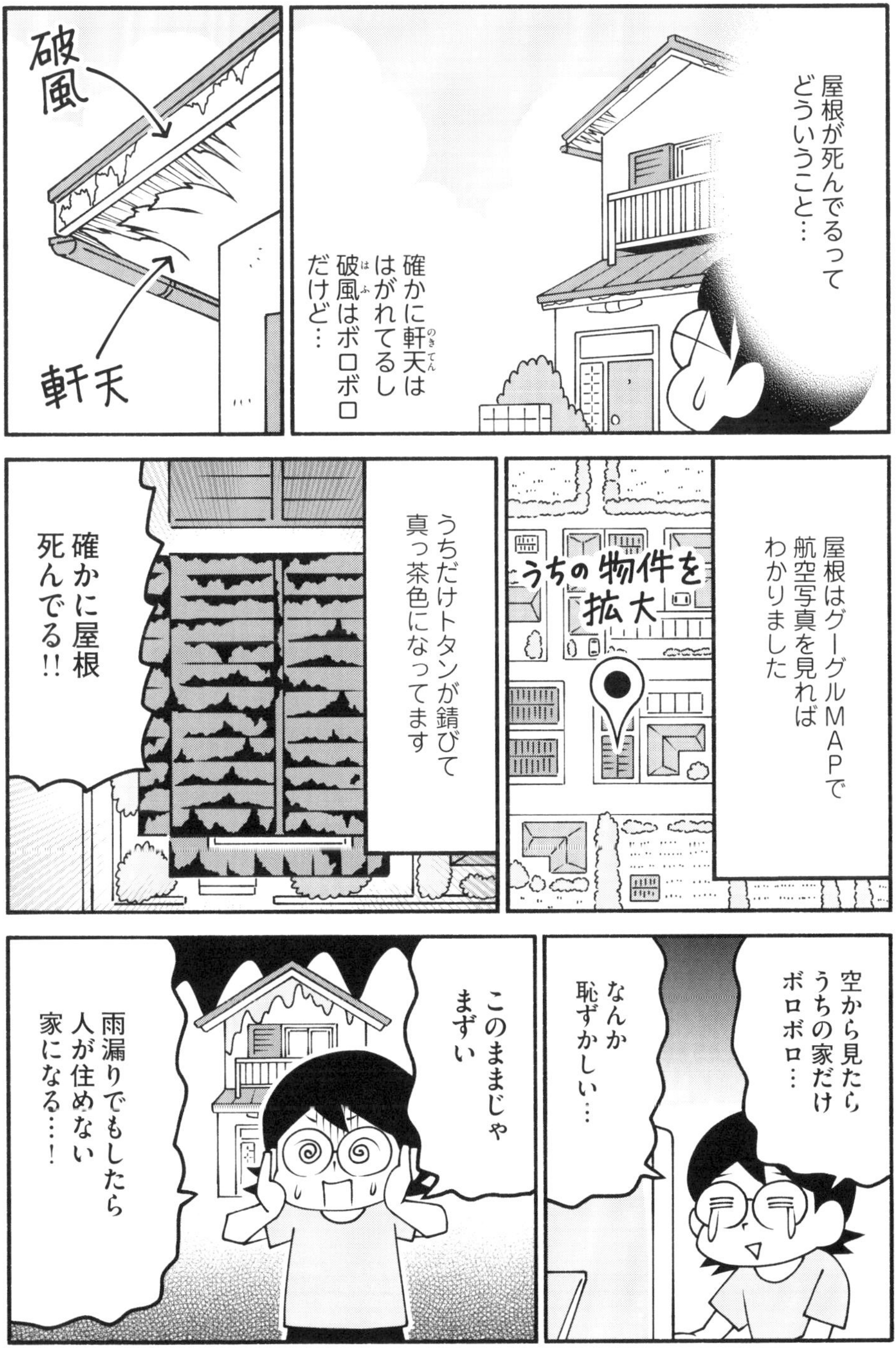
屋根が死んでるって
どういうこと…
確かに軒天《のきてん》は
はがれてるし
破風《はふ》はボロボロ
だけど…
破風
軒天
屋根はグーグルMAPで
航空写真を見れば
わかりました
うちの物件を
拡大
うちだけトタンが錆びて
真っ茶色になってます
確かに屋根
死んでる!!
空から見たら
うちの家だけ
ボロボロ…
なんか
恥ずかしい…
このままじゃ
まずい
雨漏りでもしたら
人が住めない
家になる…!

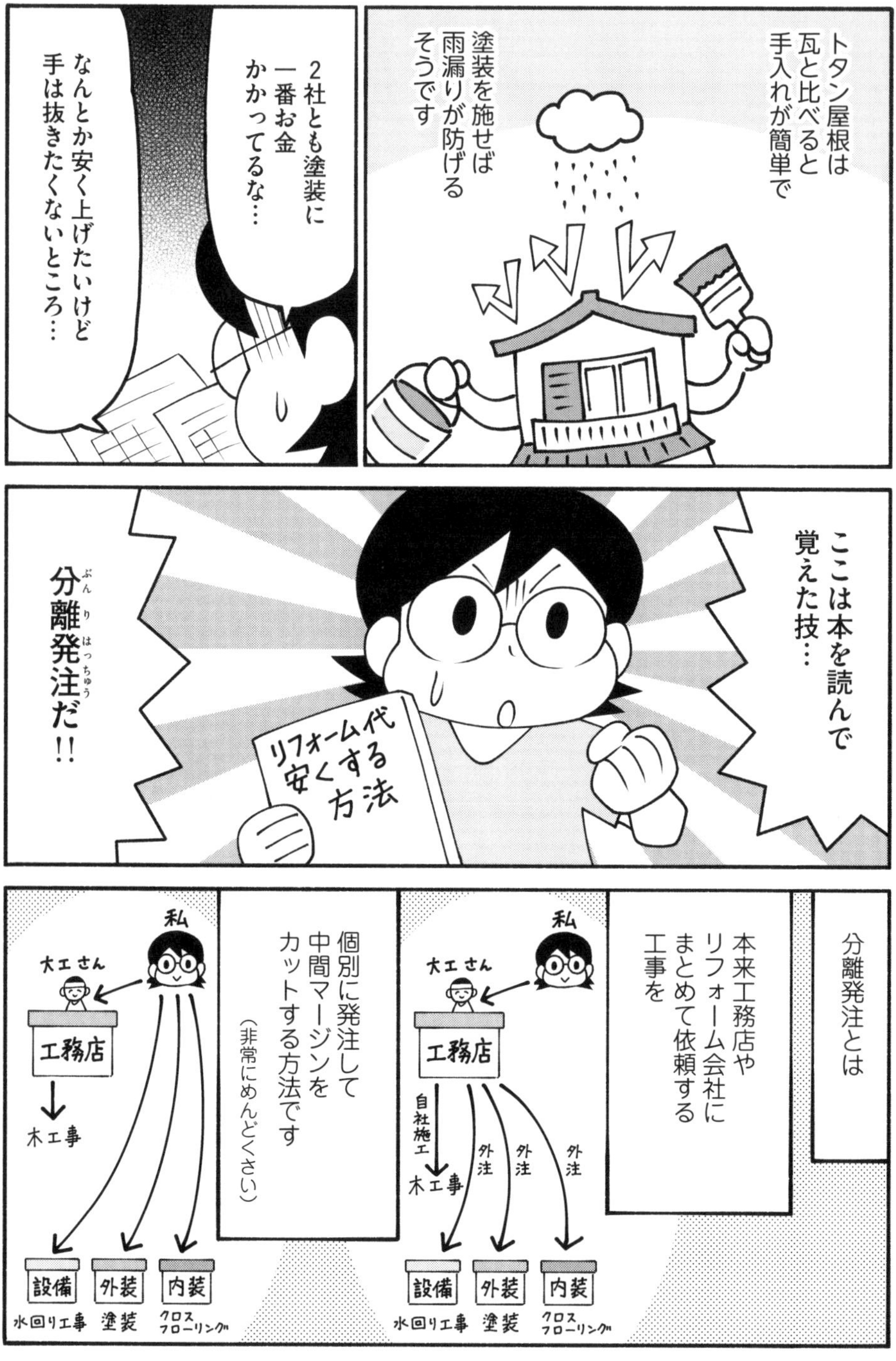
トタン屋根は
瓦と比べると
手入れが簡単で
塗装を施せば
雨漏りが防げる
そうです
2社とも塗装に
一番お金
かかってるな…
なんとか安く上げたいけど
手は抜きたくないところ…
ここは本を読んで
覚えた技…
リフォーム代
安くする
方法
分《ぶん》離《り》発《はっ》注《ちゅう》だ!!
分離発注とは
本来工務店や
リフォーム会社に
まとめて依頼する
工事を
私
大工さん
工務店
自社施工
木工事
外注
外注
外注
設備
外装
内装
水回り工事
塗装
クロス
フローリング
個別に発注して
中間マージンを
カットする方法です
(非常にめんどくさい)
私
大工さん
工務店
木工事
設備
外装
内装
水回り工事
塗装
クロス
フローリング

他の専門業者にも見積もりとってみよう！
タウンページ
タウンページ
屋根修理専門の会社とか
塗装専門の会社とか！
手当たり次第に連絡して屋根塗装だけの見積もりをとってもらいました
会社①
70万円です
会社②
50万円です
…大工さん経由で頼むより安いけど
やっぱり塗装は高くつくなあ…
そんな中物件のすぐ近くに小さな塗装屋を発見
あ、ここ近い
懐かしい手作り感あふれるHP《ホームページ》…
レインボーの文字
カウンター
0002311
とそう
おまかせ
お金かけてない感じが好印象だぞ

見積もりに来てもらいました
どうもー
できるだけ安くあげたいんですよね
ふむふむ
屋根、外壁塗装軒天修理込みで
37万円でいいですよ
ええ!? 壁も全部込みで?
いいんですか?
ただし条件があって…
うちで余ってるペンキを使うので色は選べません
塗装
それでもよければですが…
いいです!
むしろそのほうが面白そう!
塗装会社決定
一体何色の家になるんでしょうか

塗装費用　¥−370,000

見積もりを見つめ直す

ふう…予定外の塗装工事だったけど分離発注でなんとかなりそうだ
他にもコストダウンできるところがないか見積書チェックしなきゃ
A工務店 B工務店
和室床ベニヤ貼り
¥65,000 ¥52,200
キッチン解体新規取付
¥70.000 ¥71,600
庭の倉庫解体
¥16,000 ¥15,00
壁穴修理
13.500 ¥13,50
押入修理
21,500 ¥20,500
こう見ると2組とも工事単価はそんなに高くないな
良心的な価格だけど余分な工事が多いのか…
ほんとに最低限の大工工事だけ頼むことにして
削れるところをガシガシ削っていこう！

自分でできるところは
自分で！
DIYなら材料費だけで済む！
削減！
壁紙はりかえ ¥200,000
ふすまはりかえ ¥45,000
網戸はりかえ ¥10,000
和室から洋室に変更…
これは私には難しそうだな…
工具も持ってないし
畳を上げて角材組んでベニヤを貼って内装工事で ¥162,000
ベニヤ板だけ貼ってもらって
仕上げの内装は自分でやろう
¥52,200のみ
廃棄物処分
これも自分でゴミ処理場に持ち込めば安く上がりそう
廃棄物処理

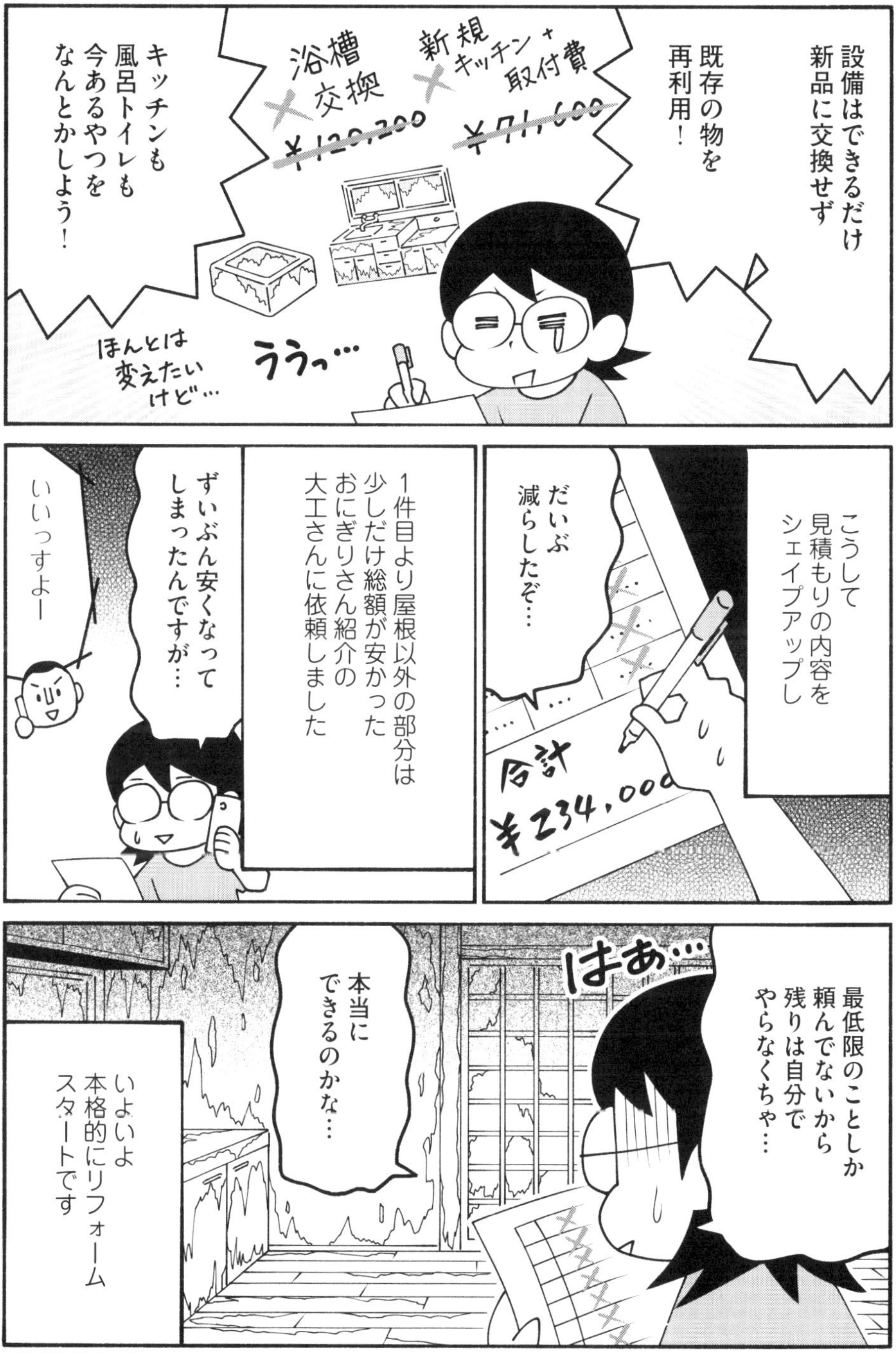
設備はできるだけ新品に交換せず
既存の物を再利用！
新規キッチン＋取付費
¥71,600
浴槽交換
¥120,200
キッチンも風呂トイレも今あるやつをなんとかしよう！
ううっ…
ほんとは変えたいけど…
こうして見積もりの内容をシェイプアップし
だいぶ減らしたぞ…
合計
¥234,00
1件目より屋根以外の部分は少しだけ総額が安かったおにぎりさん紹介の大工さんに依頼しました
ずいぶん安くなってしまったんですが…
いいっすよー
最低限のことしか頼んでないから残りは自分でやらなくちゃ…
はあ…
本当にできるのかな…
いよいよ本格的にリフォームスタートです

大工さんに依頼　¥−234,000

DIY便利道具図鑑 その③

下地探しどこ太

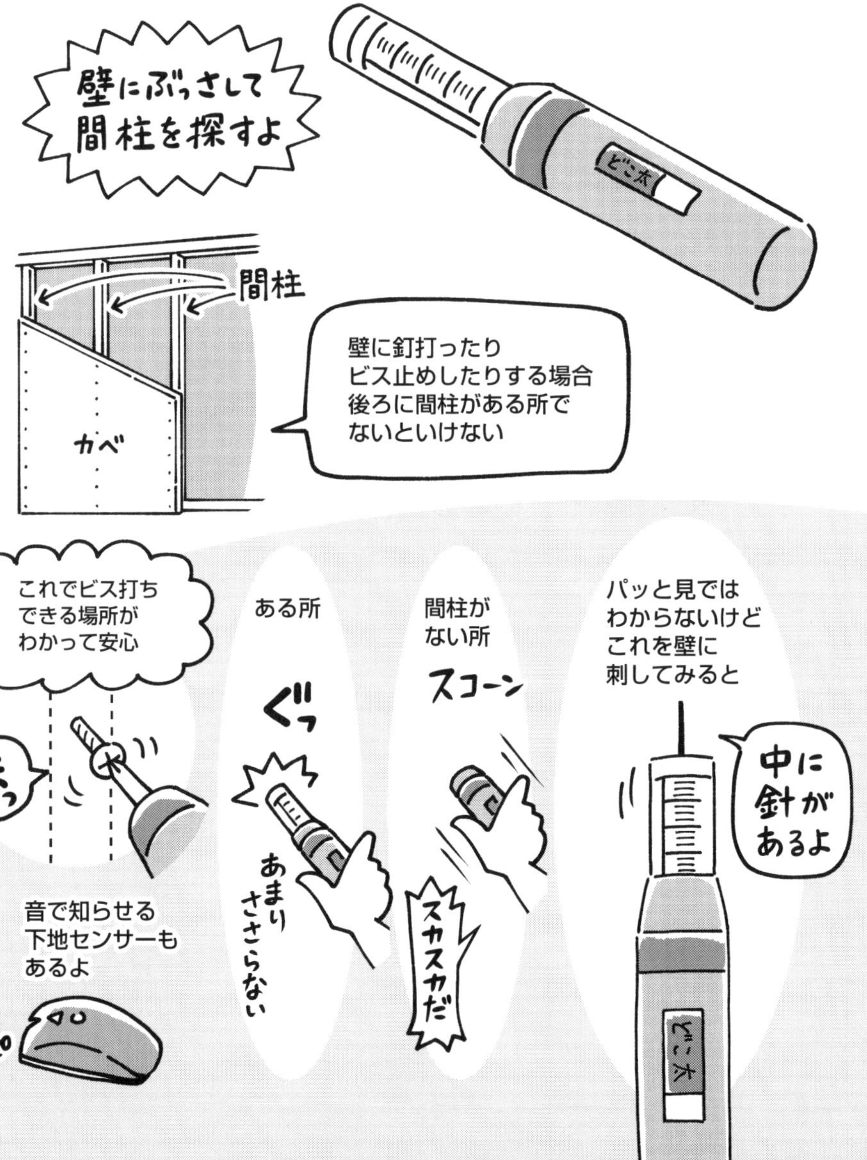

壁にぶっさして
間柱を探すよ
どこ太
間柱
カベ
壁に釘打ったり
ビス止めしたりする場合
後ろに間柱がある所で
ないといけない
これでビス打ち
できる場所が
わかって安心
ほっ
音で知らせる
下地センサーも
あるよ
ピピピ
ある所
ぐっ
あまり
ささらない
間柱が
ない所
スコーン
スカスカだ
パッと見では
わからないけど
これを壁に
刺してみると
中に
針が
あるよ
どこ太

第3章

CHAPTER.03

リフォーム開始！からの害虫との戦い

ハウスクリーニングをやってみよう

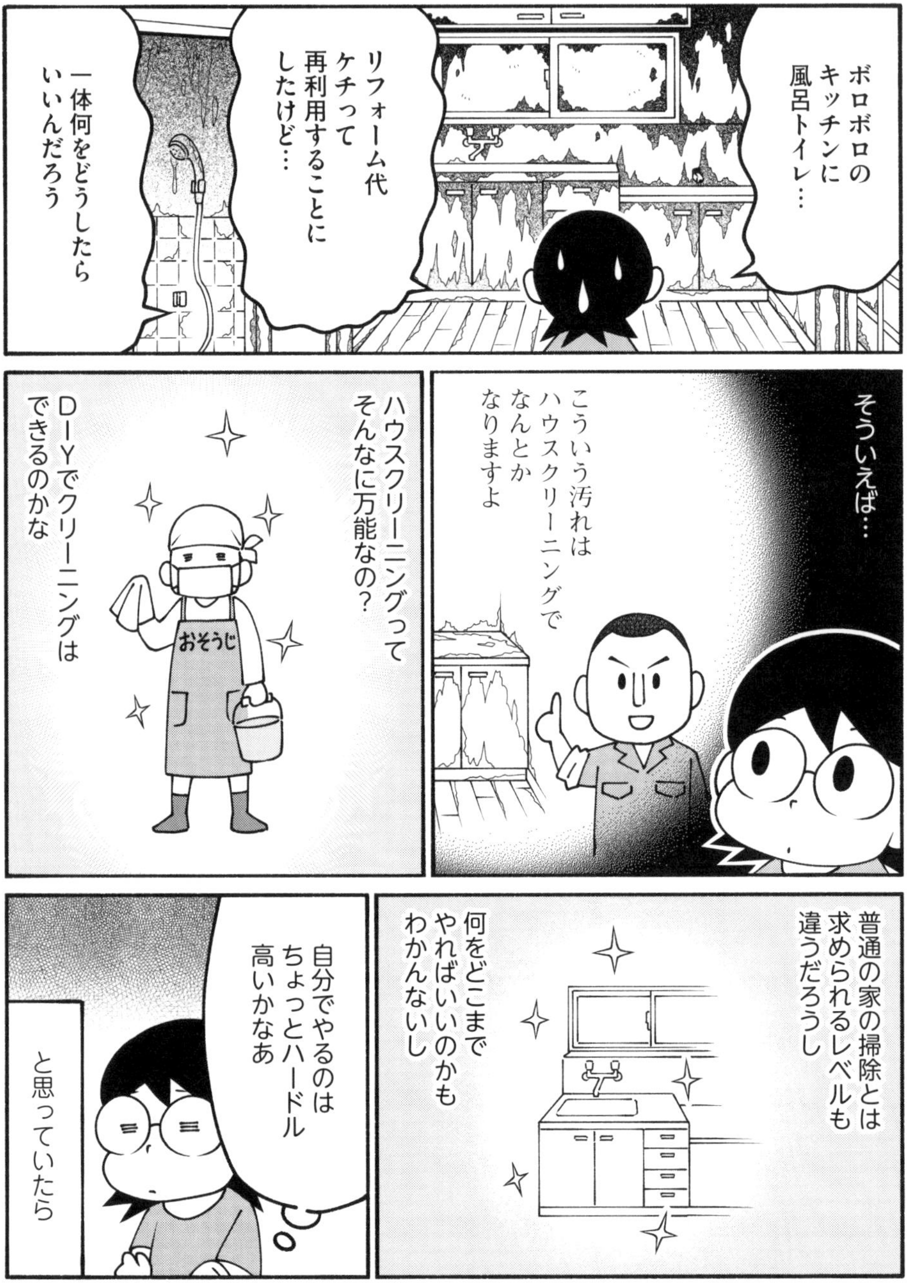

ボロボロのキッチンに風呂トイレ…
リフォーム代ケチって再利用することにしたけど…
一体何をどうしたらいいんだろう
そういえば…
こういう汚れはハウスクリーニングでなんとかなりますよ
ハウスクリーニングってそんなに万能なの?
おそうじ
DIYでクリーニングはできるのかな
普通の家の掃除とは求められるレベルも違うだろうし
何をどこまでやればいいのかもわかんないし
自分でやるのはちょっとハードル高いかなあ
と思っていたら

ん？
ハウスクリーニング
・ハウスクリーニング
バイト募集
ハウスクリーニングバイト募集？
うちの近くだ！
「賃貸物件のお掃除」ちょうどいいかも
お掃除バイトを始めてみることにしました
ちょうどイラストの仕事が1本なくなったところだし
収入の補填《ほてん》もしなければ！
先輩パートの奥様方に掃除のやり方を教えてもらいつつ
ふむ ふむ
賃貸の原状復帰をどこまでやるかを学びました
この仕事楽しい
本業忘れそうで怖い…!!

よーし
うちの物件も
ハウスクリーニングで
ピカピカに
してやるぞ！
しかし…
うちの汚さは
桁違いだわ…
床にGの
死骸が…
前来た時は
なかったのに…
とにかく掃除を
進めよう！
きっと
やればできる！
窓も壁も
ヤニと油汚れで
真っ茶色の我が物件
さらに犬のおしっこで
ひどい状態です
汚れは多少落ちるけど
臭いはどうしても
取れないな…

犬のおしっこ臭は家中に染み込んでいるようで
しゃっしゃっ
消臭
何をやっても一向に消える気配がありません
何か強力な消臭剤はないかな…
ネットで一番評価が高いのを買ってみよう
ポチポチ
超強力消臭剤
ペットNo.1
強力消臭
¥7,000
どんなおしっこ臭も必ず消える!
助かるワン♪
高いけどすごく効きそうなのがある!
ポチッと購入!
これできっと大丈夫だ!!
1本まるまる噴霧してやる!!
しゅっ
しゅっ
しゅっ
翌日――
フーーん
目に染みるほどのおしっこ臭…
薬剤全然効いてない…
おまけにまたGが死んでる…
この家一体どうしたらいいの…

消臭剤　¥−7,000

Gとの戦い

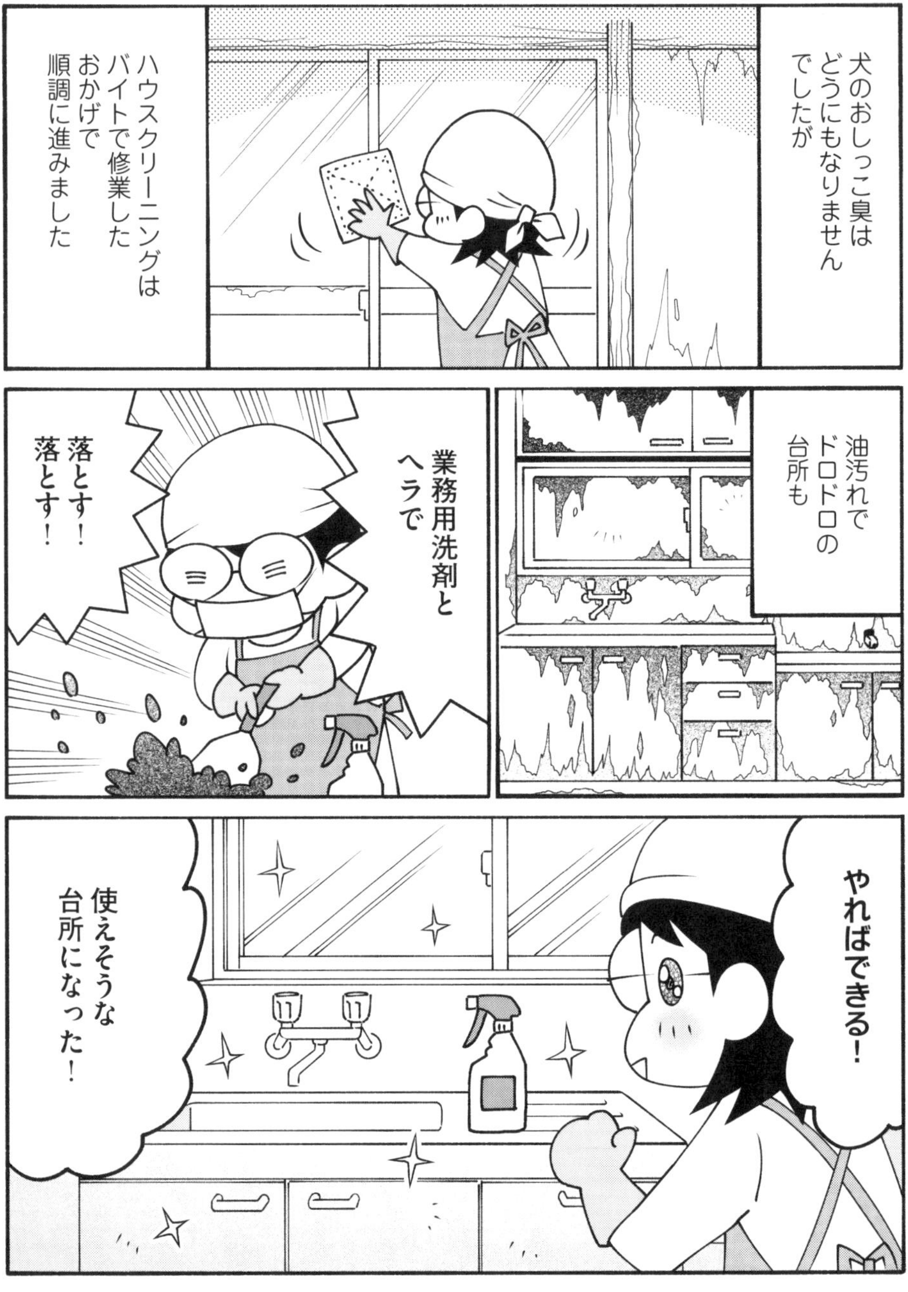
犬のおしっこ臭は どうにもなりません でしたが
ハウスクリーニングは バイトで修業した おかげで 順調に進みました
油汚れで ドロドロの 台所も
業務用洗剤と ヘラで
落とす！ 落とす！
やればできる！
使えそうな 台所になった！

ドロドロの換気扇とコンロは
できるところまで分解して掃除
換気扇の汚れがキリないな
どろっ
一回全部外しちゃうか
換気扇本体を壁から外してみると
ぼこっ
そこにGがいました
G――!!
生きてるG!!
何してんのお前!
人間がここにいますよ!
逃げなさいよ!!
微動だにしないG
スン…
ふてぶてしいやつ!

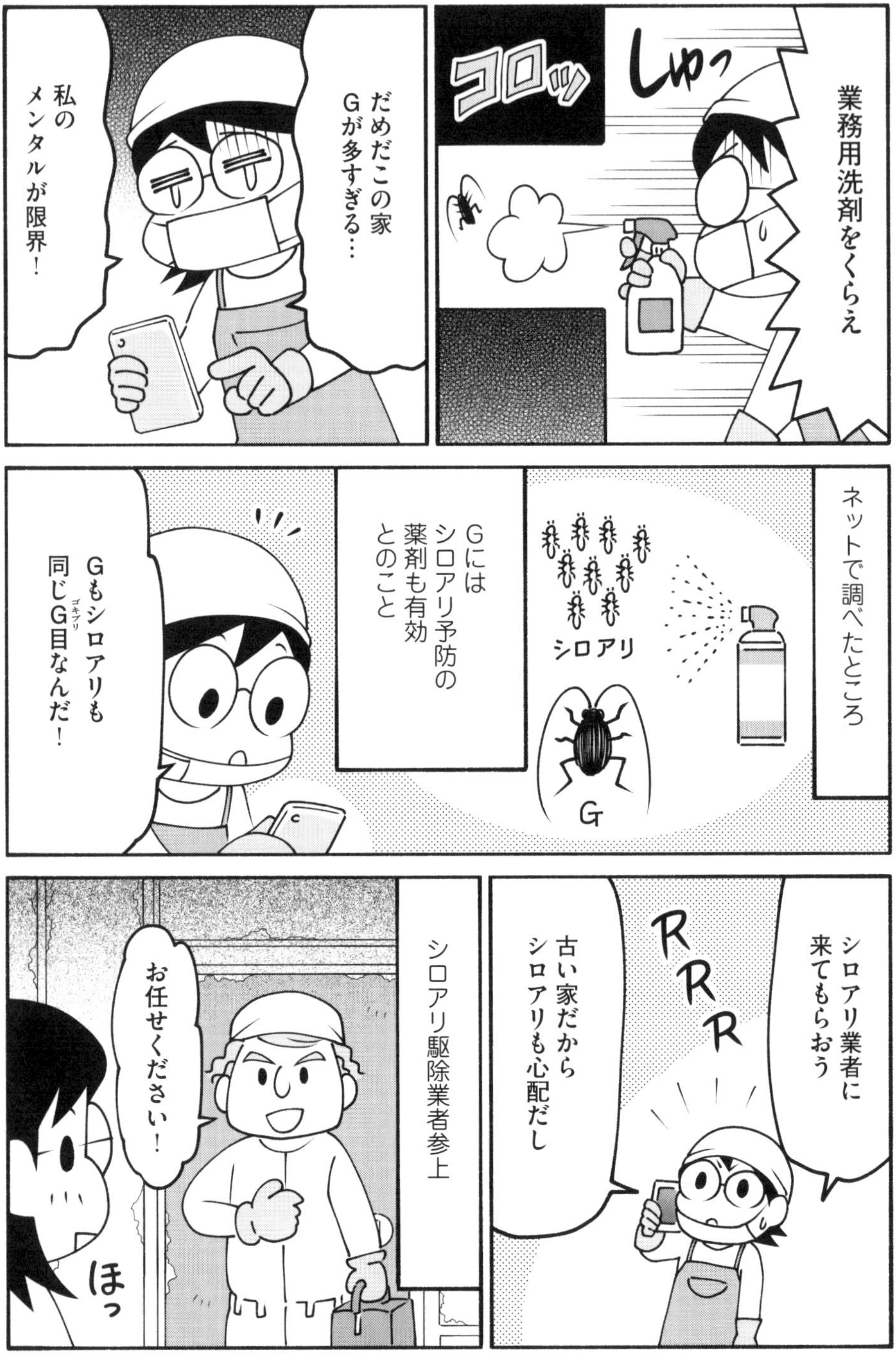
業務用洗剤をくらえ
しゅっ
コロッ
だめだこの家
Gが多すぎる…
私の
メンタルが限界！
ネットで調べたところ
シロアリ
G
Gには
シロアリ予防の
薬剤も有効
とのこと
Gもシロアリも
同じG目《ゴキブリ》なんだ！
シロアリ業者に
来てもらおう
RRR
古い家だから
シロアリも心配だし
シロアリ駆除業者参上
お任せください！
ほっ

床下収納がない家なんですね
防蟻《ぼうぎ》処理は床下に潜らないとできませんから…
和室の畳の下に穴開けますね
ぐい
そして畳の下に穴を開け
チュイーン
床下に潜って薬剤散布をしてくれました
行ってきまーす
後日 防蟻処理の保証書が届きました
5年保証！
これでしばらく安心だ！
シロアリ防除 保証書
それから数日後
なぜか床に落ちてるGの数が増えました
薬が効いたのか…？

防蟻処理　¥−45,000

大工さんの工事始まる

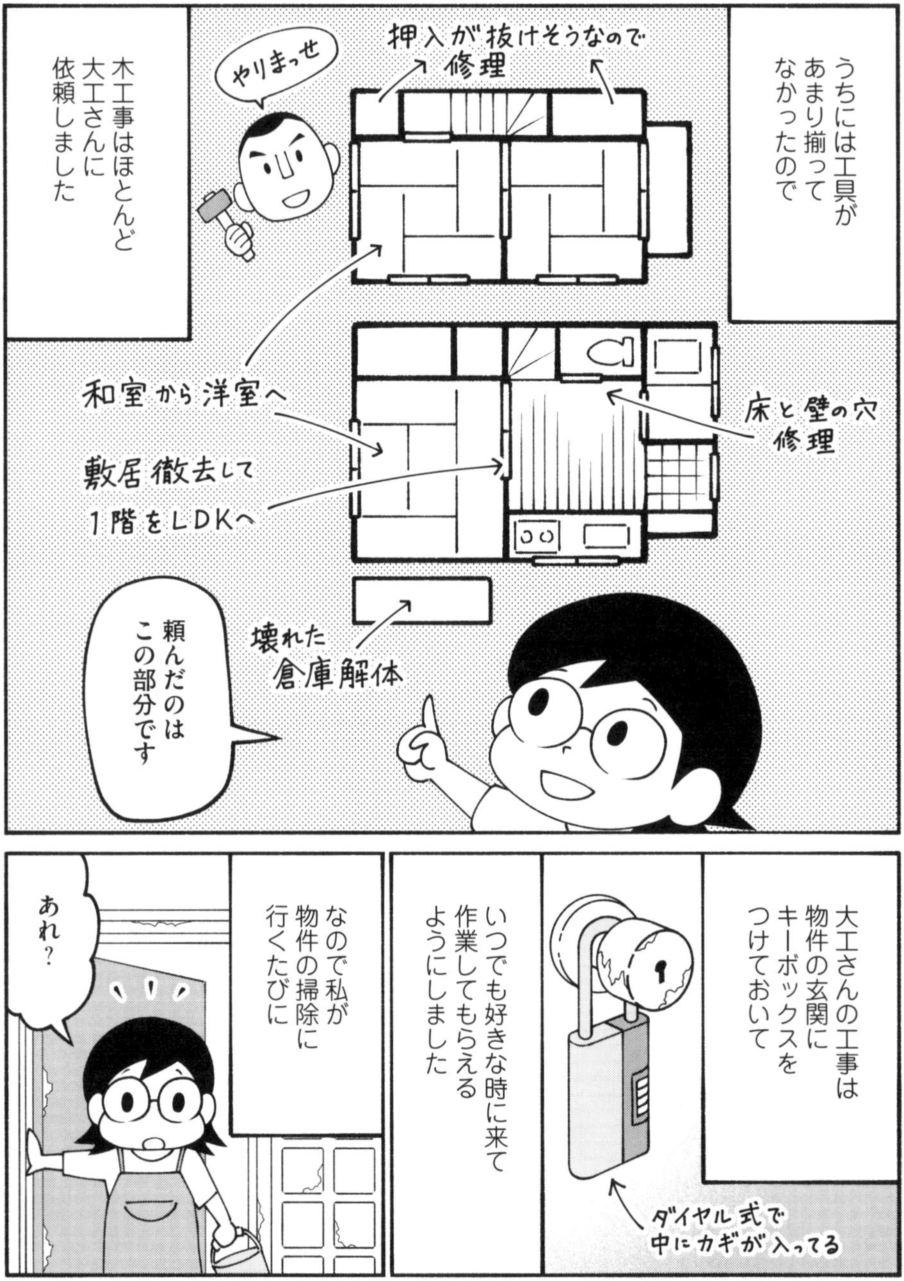

うちには工具が
あまり揃って
なかったので
木工事はほとんど
大工さんに
依頼しました
やりまっせ
押入が抜けそうなので修理
和室から洋室へ
敷居撤去して
1階をLDKへ
床と壁の穴修理
壊れた倉庫解体
頼んだのは
この部分です
大工さんの工事は
物件の玄関に
キーボックスを
つけておいて
いつでも好きな時に来て
作業してもらえる
ようにしました
ダイヤル式で
中にカギが入ってる
なので私が
物件の掃除に
行くたびに
あれ？

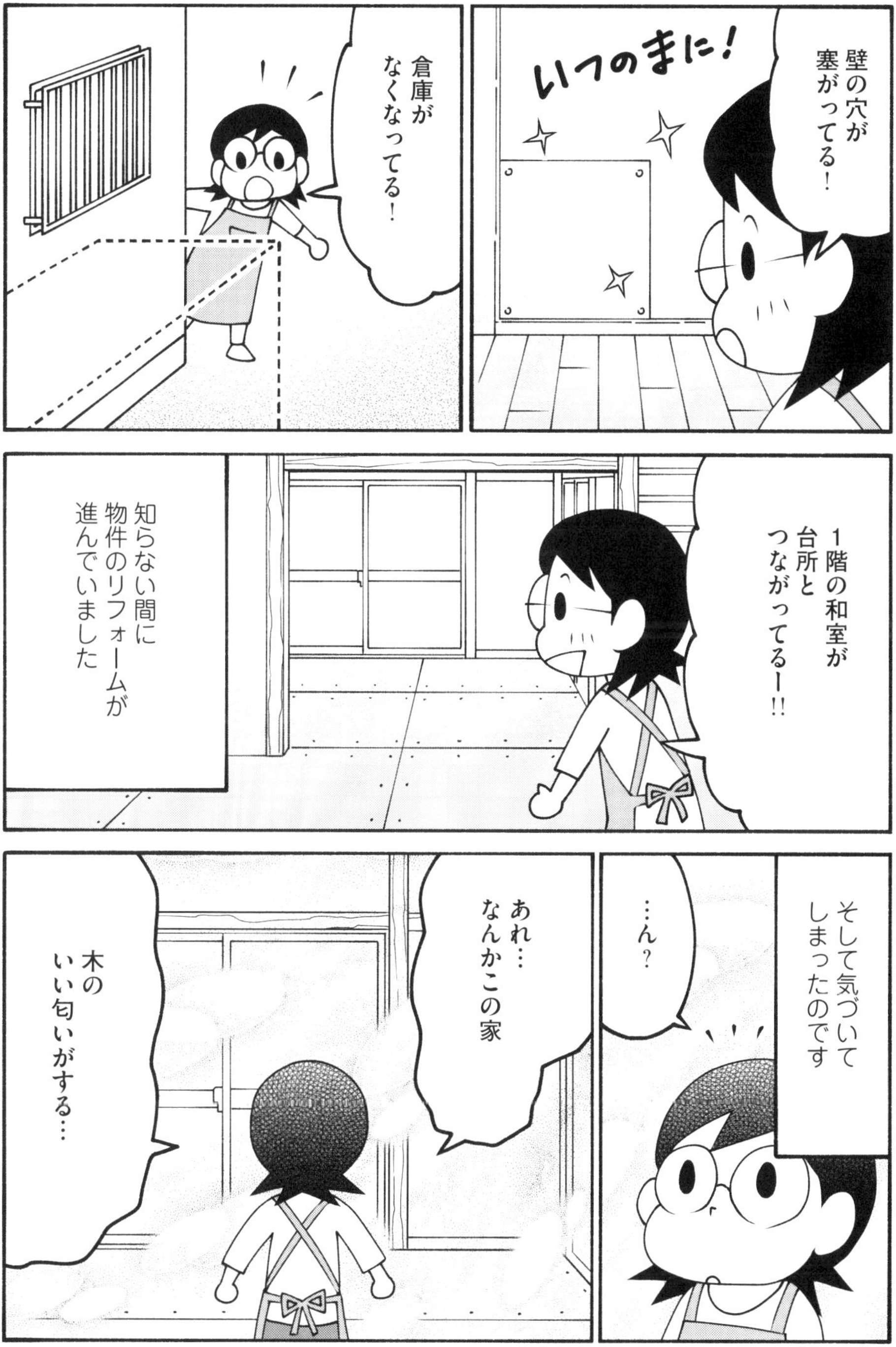
壁の穴が塞がってる！
いつのまに！
倉庫がなくなってる！
1階の和室が台所とつながってるー!!
知らない間に物件のリフォームが進んでいました
そして気づいてしまったのです
…ん？
あれ…なんかこの家
木のいい匂いがする…

大工さんが壁を直したり床を張り替えてくれたことで
家中がベニヤの香りに包まれるようになっていました
犬のおしっこ臭が
完全に消えてるー!!
いらなかったな…
7千円の消臭剤…
ありがとう大工さん!!
依頼してから一度も会ってないけど!
おかげで住める家になりそうです!
そんな大工さんとの再会は
ある日突然訪れました
さあ今日も掃除するぞー
あれ?
ーきゃっきゃっ
2階からにぎやかな声…

そ〜〜〜っ
あ、大工さん
…と誰!?
あ、
どうも〜〜〜…
きゃっ
きゃっ
すみません…僕たち夫婦で大工やってるんですけど
子ども預ける所がなくて…
きゃはー
いや…あの…お気になさらず…
作業続けてください!
どうぞごゆっくりー
びっくりしたー…
自分の家なのになぜか私が家族団らんの邪魔をした感じになってしまった…
ドキドキ
大工さんの子どもはベニヤの端材で作ってもらったオモチャで遊んでました
パパの手作りおもちゃ♡
なんでも作れるパパってちょっとうらやましいなあ

畳の表替えとゴミ出し

この家の畳は
ほとんど犬にやられて
ボロボロでしたが
一部屋だけ
まだ使えそうな
畳が残っていました
この4畳半だけは
和室のまま残そう
全部洋室にすると
お金かかっちゃうし
生き残った畳も
結構ボロボロだけど
ちゃんと再利用
できるかな？
おしっこ
しみ
だらけ
ネットで最安値の
畳屋さんを見つけて
来てもらいました
ちわーっす
わあ…
すごい畳だね…
これ、
どうにか
なりますか？

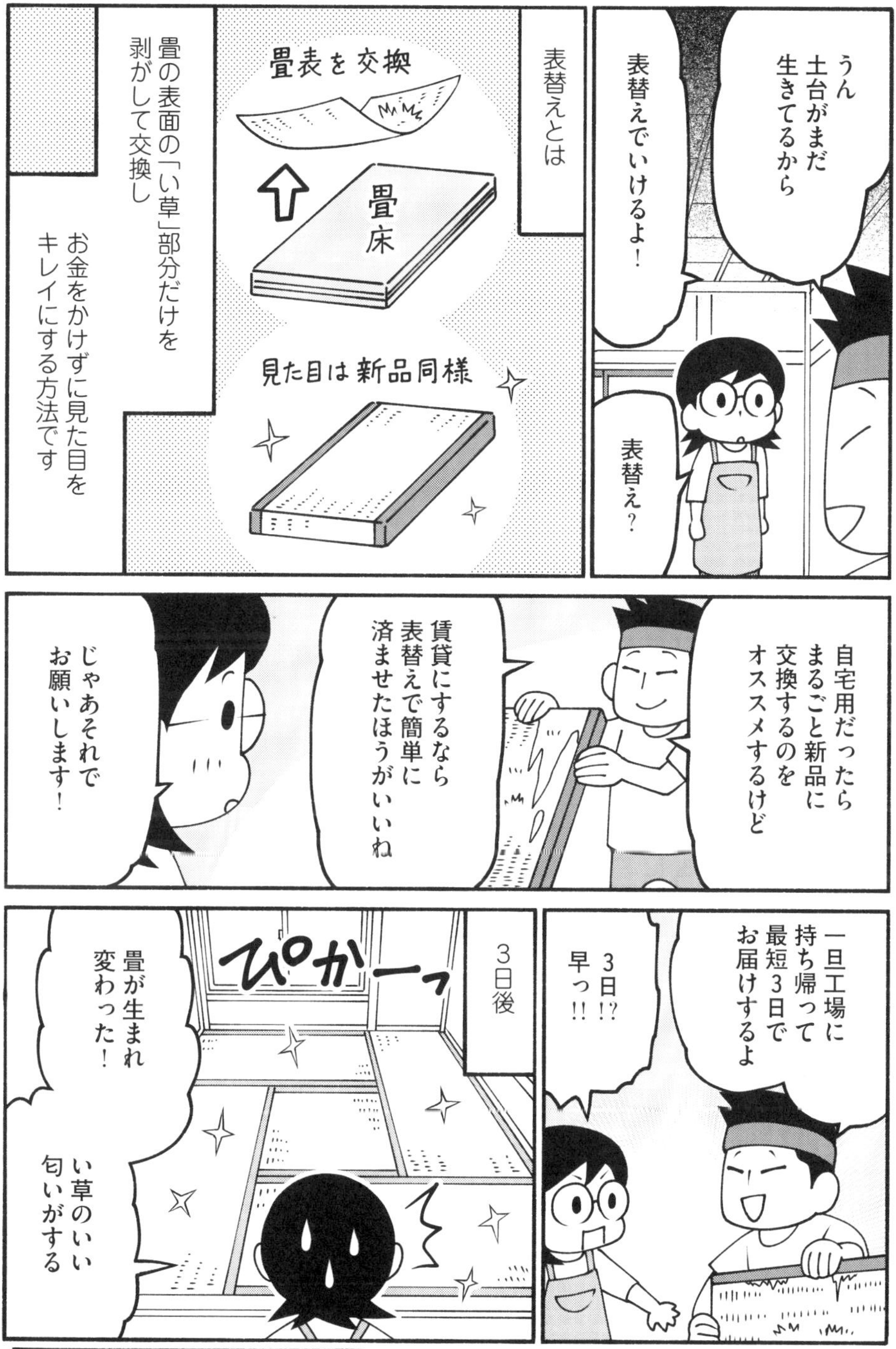
うん
土台がまだ
生きてるから
表替えでいけるよ！
表替え？
表替えとは
畳表を交換
畳床
見た目は新品同様
畳の表面の「い草」部分だけを
剥がして交換し
お金をかけずに見た目を
キレイにする方法です
自宅用だったら
まるごと新品に
交換するのを
オススメするけど
賃貸にするなら
表替えで簡単に
済ませたほうがいいね
じゃあそれで
お願いします！
一旦工場に
持ち帰って
最短3日で
お届けするよ
3日!?
早っ!!
3日後
ぴかーっ
畳が生まれ
変わった！
い草のいい
匂いがする

畳表替え ￥－12,000

しかし…
あまりに届くのが早すぎた…
まだこれから掃除もDIYも残ってるのに！
せっかくのキレイな畳が汚れちゃう!!
日に当たるとすぐ色変わるし
バサッ
とりあえずブルーシートで保護しとこう…！
あ、ちなみに畳にシートかけてるとカビやすいから気をつけてね！
えっ!?そうなの!?
畳の表替えはリフォームの一番最後にやるものでした
そして残った
表替えしなかったほうの畳たち
軽トラ借りて捨ててくるぜ!!
ここで夫の出勤です
トラック運転したかった

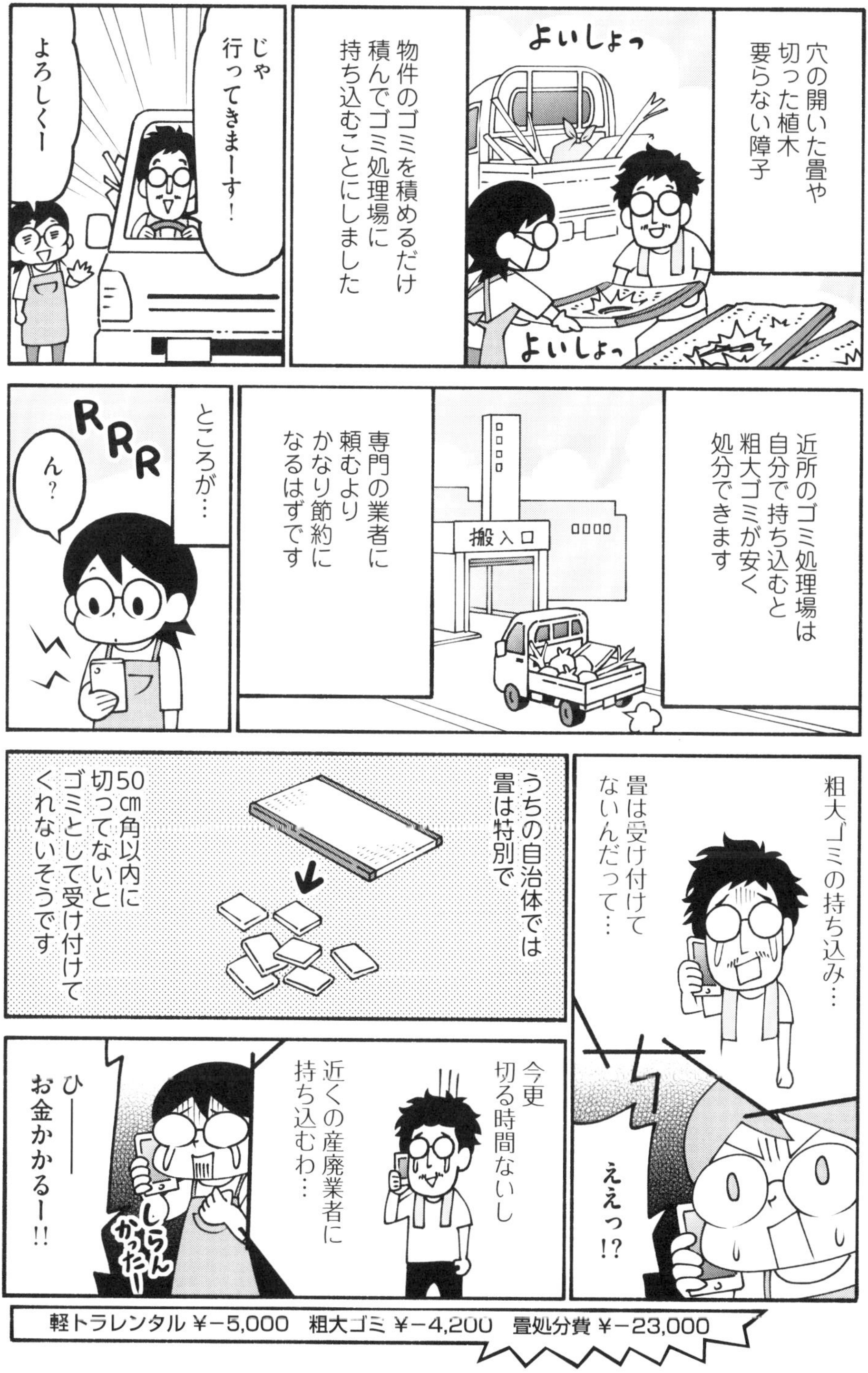
穴の開いた畳や
切った植木
要らない障子
よいしょっ
よいしょっ
物件のゴミを積めるだけ積んでゴミ処理場に持ち込むことにしました
じゃ 行ってきまーす!
よろしくー
近所のゴミ処理場は自分で持ち込むと粗大ゴミが安く処分できます
搬入口
専門の業者に頼むよりかなり節約になるはずです
ところが…
RRR
ん?
粗大ゴミの持ち込み…
畳は受け付けてないんだって…
ええっ!?
うちの自治体では畳は特別で
50㎝角以内に切ってないとゴミとして受け付けてくれないそうです
今更切る時間ないし
近くの産廃業者に持ち込むわ…
ひーーー お金かかるー!!
しらんかったー
軽トラレンタル ¥−5,000　粗大ゴミ ¥−4,200　畳処分費 ¥−23,000

お風呂をなんとかする

欠陥だらけの
この家で
私が特に一番
「住みたくない！」
と思うポイントが
あります
それは
お風呂
カビだらけで
目地《めじ》まで真っ黒になった
タイル貼りの浴室です
掃除をしても
シャカ シャカ シャカ
カビの黒ずみって
取れない…
ここは
発想の転換だ
カビを
全部取るのは
諦めよう
ジャーーン
浴室用
ペンキ
目地ペン
黒ずんだ壁は
ペンキで
白く塗りつぶす！
真っ黒の
タイルの目地は
目地用のペンで
白く塗りつぶす！
目地ペン

かんたーん!
ほっ
お風呂が
白くて明るくなった
ついでにこの色あせた
青い浴槽も白く
塗っちゃいたい!
DIYで
できるかな〜?
しかし調べたところ
浴槽は毎日
お湯を張るので
塗装が剥がれやすく
素人が塗るには
非常に難易度が
高いそうです
人肌が触れる所だし…
大人しく
業者さんに頼もうか
バス塗装専門の
業者さんにお願いしました
シュー
すごい装備!!
施工後——
お風呂が
真っ白になった!
お金かかったけど
交換するより
安いからいっか!

浴槽塗装　¥−77,000

お風呂のタイル床も汚れが酷かったので
DIYで貼れる床シートのセットを見つけて注文
貼り方を紹介している動画を見ながら自分たちで施工しました
あーじゃないこーじゃない
床シートセット　￥−25,000
わぁ!
見違えるくらいキレイになった!!
これなら住めそう!
ゆぶねつかってもいい!
——と思ったのですが
全体的に白くなると給湯器の古さがとても気になり始め
すごく黄ばんでる
これもなんとかしたほうがいいな
古すぎて使えるかもわからんし…

ついでに台所の湯沸かし器も変えよう
そうだ!
ボロボロで使うの怖いし…
お風呂のと一本化すれば安く済むかも!
ガス会社の人に来てもらいました
※都市ガス
ども――
うわ、何この給湯器!!
古っ!
僕見たことない型です…
プロもドン引き
台所のと一緒にして給湯器1台にしたいんですけど
うーん どっちも壊れてるから換えたほうがいいけど…
工事が難しそうだな…
どうやらうちはお風呂と台所のガスの配管が別々で
つなげる工事にはかなりお金がかかるみたいです
ガス管
ガス管
結局給湯器2台買ったほうが安いとのことで
2台とも新品に交換することに
あれ…?
お金が飛んでいくよ…?

給湯器2台　¥−90,000　取り付け工事費　¥−73,000

外壁塗装が始まった

37万円で頼んだ屋根＋外壁塗装＋修理工事の一式セット
とそう
おまかせ
いよいよ作業がスタートしました
まず塗装屋さんがご近所に挨拶回り
工事でご迷惑おかけします
それから家の周りに足場を組んでいきます
トン
テン
カン
おお～すごい！
ジャングルジムみたい！
足場が組み上がったら軒天の修理しますね
僕1人で簡単な大工工事もできるんで
頼もしい！
なんて言っていましたが
RRR
翌朝――

はい
もしもし
は…
橋本さん
すみません…
軒天と破風の状態なんですが思ったより傷んでて
僕では手に負えないレベルでした…
ええ!?
トビさんたちに工事を頼まなきゃいけないんですが
追加で20万円くらいかかっちゃいます…
何―――っ!!
どういうことですかそれは!
なんとか追加工事なしでいけませんか!?
そう思ったんですがちゃんと修理しないと塗装もできない状態で…
破風は指で触っただけで穴が開くレベルです
ずぼっ
そりゃ傷んでますね!
高所作業のプロフェッショナル
トビさん軍団参上

颯爽と現れて破風に板金を巻いて補強していきます
しゃっ
しゃっ
か…
かっけぇ…
こうして屋根まわりの修繕工事完了
すみませんでした
いえいえ
追加工事　¥－170,000
そしてようやく塗装作業に入ります
親方と2人で作業
一体どんな色になるかな
わくわく
どんな仕上がりになったかというと…
ピカー
壁が全部真っ黄色な家になりました
…良い！
なんか金運上がりそう！

最初と話が違っちゃってすみませんでした
いや…こんなボロ家でむしろ申し訳ないです…
どうだい足場の上登ってみるかい？
えっ　いいんですか？
うわぁ…
ちょっとの風で凄くゆれる！
錆だらけだった屋根が…
つやつやに輝いてる！
ぴかー
通常三度塗りのところをサービスで六度塗りしといたよ
これでなんとか住める家になりそう
お金たくさん使っちゃったけど…あとはＤＩＹでなんとかするぞ！
果たしてなんとかなるのでしょうか
ここまでの出費合計390万円です

DIY便利道具図鑑 その④

スクレーパー

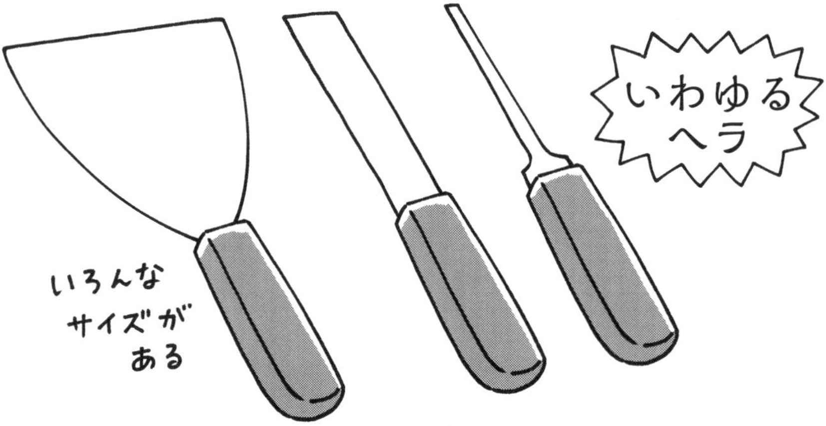

いわゆるヘラ
いろんなサイズがある

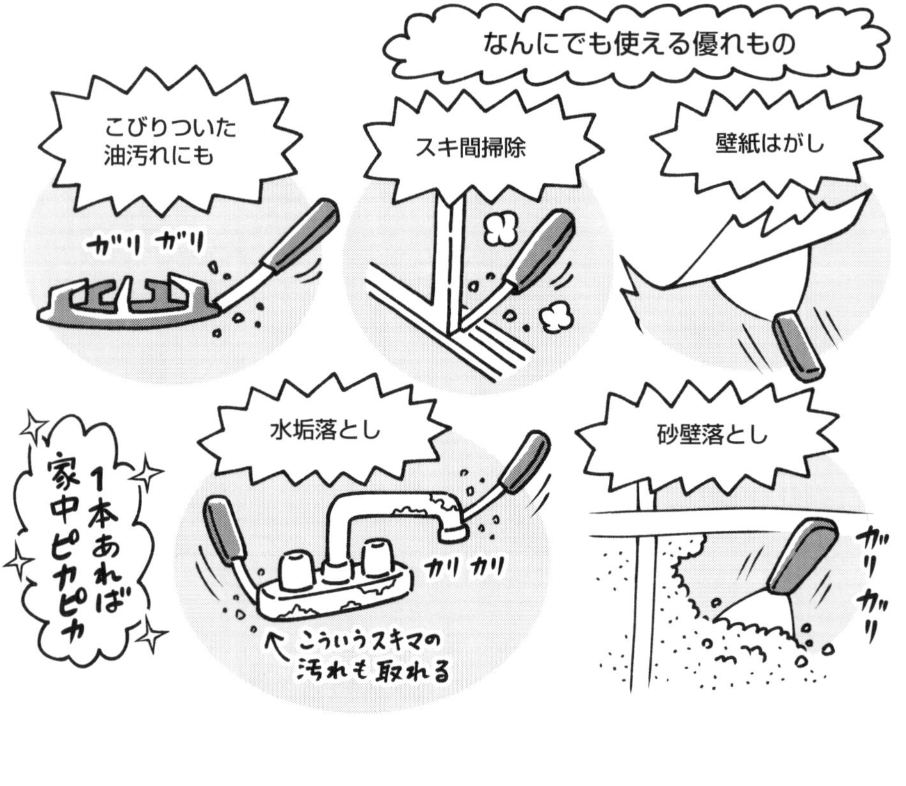

なんにでも使える優れもの
こびりついた油汚れにも
ガリ ガリ
スキ間掃除
壁紙はがし
1本あれば家中ピカピカ
水垢落とし
カリ カリ
こういうスキマの汚れも取れる
砂壁落とし
ガリガリ

第4章

CHAPTER.04

アイディア勝負！
DIYで大改造

内装をシミュレーション

大工さんにお願いしていた工事が終わり
ボロ家はあと内装を仕上げるだけになりました
わくわく
どんな内装にしようかな～
どんな人が住むかにもよるかな？
うちは間取り的に普通のファミリーだと狭すぎるし
かといって1人暮らしだと持て余す広さ…
シングルマザーの世帯だとちょうどいいのかも！
一軒家でのびのび子育てできそう
よし、ターゲットは若いお母さんにしよう！
女子ウケする家を目指す！
ナチュラルガーリースタイル

内装の方向性が決まったら
写真を加工してシミュレーションをしてみます
こういう時にPhoto Shopが使えてよかった!
壁紙いじり放題!
1階は日当たり悪いから真っ白な部屋にしよう
扉は淡いブルーのペンキを塗って
フレンチシャビーな雰囲気に!
2階の部屋はちょっと古民家風の色合いにしようかな
古材風の床にしてふすまには明るい色の壁紙を貼ろう!
うん!!
我ながら可愛い!!
イメージ画
こんな感じをDIYで再現するぞ!

木部をいじる

部屋の色使いも決まったし
まずは窓枠からペンキで塗りつぶしていくぜ〜!!
うおーーっ
と意気込んでいましたが
はっ
よく考えたらうちの窓枠は
ほとんど大型犬にかじられてボロボロの状態でした
色塗る以前の問題だ!
しまった!
角があるべき所に角がない…
さすがにこのままではダメだよね…
ホームセンターに駆け込んでアイテム探し
HOME
しまっちゃう
なんとかなりそうなものを見つけました
これだ!
木工パテ

木工パテは木部の穴や傷を埋めるためのもので
やわらかーい
乾くと木材と同じように加工できる補修用パテです
うちのは穴埋めとかそういうレベルじゃないけど…
これでなんとか角を作ってみせる！
ヘラでパテを塗り込んで
ぬりっ
窓枠の形になるように成形
さーっ
あれ？なんかこれ…
ケーキに生クリーム塗ってる時の感覚…
なんちゃってパティシエ気分です
すいーっ
そしてパテが固まると
角っぽくなってる

…でもこれ表面がガタガタしてるな
子供がぶつかったらケガしちゃいそう
固まったパテはヤスリで削れるので
シャカシャカ
アラカン
ハンドサンダー
棒ヤスリ
各種ヤスリを用意して表面を滑らかにしていきます
わ〜い楽しい！どんどんキレイになる！
なめらか〜
電動のヤスリも買っちゃおうかな〜
買っちゃいました電動オービタルサンダー
ここが四角いのがオービタルサンダー
ヒャッハー
かっこいいー♪
作業時は粉塵《ふんじん》が飛び散るので
チャキーン
ゴーグルと防塵マスクを装備
パテ埋めの仕上げにサンダーをかけました
ドドド

つるつる すべすべ!!
おお〜
窓枠が復元できた!!
サンダーすごい!!
防塵マスクがちょっとお高いけど!
…別に普通のマスクでもいいよね?
調子に乗って家中の木部という木部にサンダーをかけました
うおおおおお
ドドドドド
おかげで柱も窓枠もつるつるに
さわりたくなる木肌
しかしその日の夜…
一晩中鼻から真っ黒い鼻水が…
なんじゃこりゃあぁ!!
マスクケチるんじゃなかった!!

ペンキを塗る

木部の修復も終わったし
かり出された夫
いよいよペンキ塗りを始めるよーーー!
ペンキ
ペンキ
まず最初にペンキがついてほしくない所を養生するんだって
ぴーーっ
ふむふむ
ペンキを塗る壁際にマスキングテープを貼り
ぴーっ
窓や床はテープにビニールシートが付いた「マスカー」というもので保護していきます
ファサーッ
こりゃ便利!
この作業…
ぴーっ
地味に時間かかるな…
ぺたっ
ぺたっ
うっ…
これだけで1日終わりそう…

部屋中のマスキングが終わったら
ぴっちり
塗るぜペンキ！
シャキーン
ハケとローラー装備！
細かい部分はハケで丁寧に
壁など広範囲のエリアはローラーで塗りつぶします
おりゃああ
ひいいい楽しいいいい
汚かった部屋がどんどん白くなる！

うわーーっ
明るい！
まっしろ
もう
別の家
みたいだな！
白い壁にして
大正解
じーん
変なシミとか
ついてたけど
全然わかんねぇなー
はっ
時間が経つと
木部に塗った
白いペンキに黄ばみが
浮いてきましたが…
何度でも
塗りつぶす！
ちくしょう
ゴリゴリ
重ね塗りで
なんとかしました
本当は最初に
アク止めを塗っておくと
よかったそうです
そしてふと
気がついてみると
…あ

2人とも飛び散ったペンキでうっすら白くなってました
特にメガネがひどかったです
ポツポツ
なんか汚らしいな!
細かい飛沫《しぶき》が取れない…
ゴシゴシ
結構ガンコな汚れだね
お風呂に入ってみても――
いやーさっぱり
えっ!?
まだ頭白いよ!?
まじか!
どうしようもねえなコレ…
翌日夫はそのまま会社に行きましたが
いってきまーす
…ものすごいフケの人って思われたらどうしよう!!
私は気が気じゃなかったです

壁紙で遊ぶ

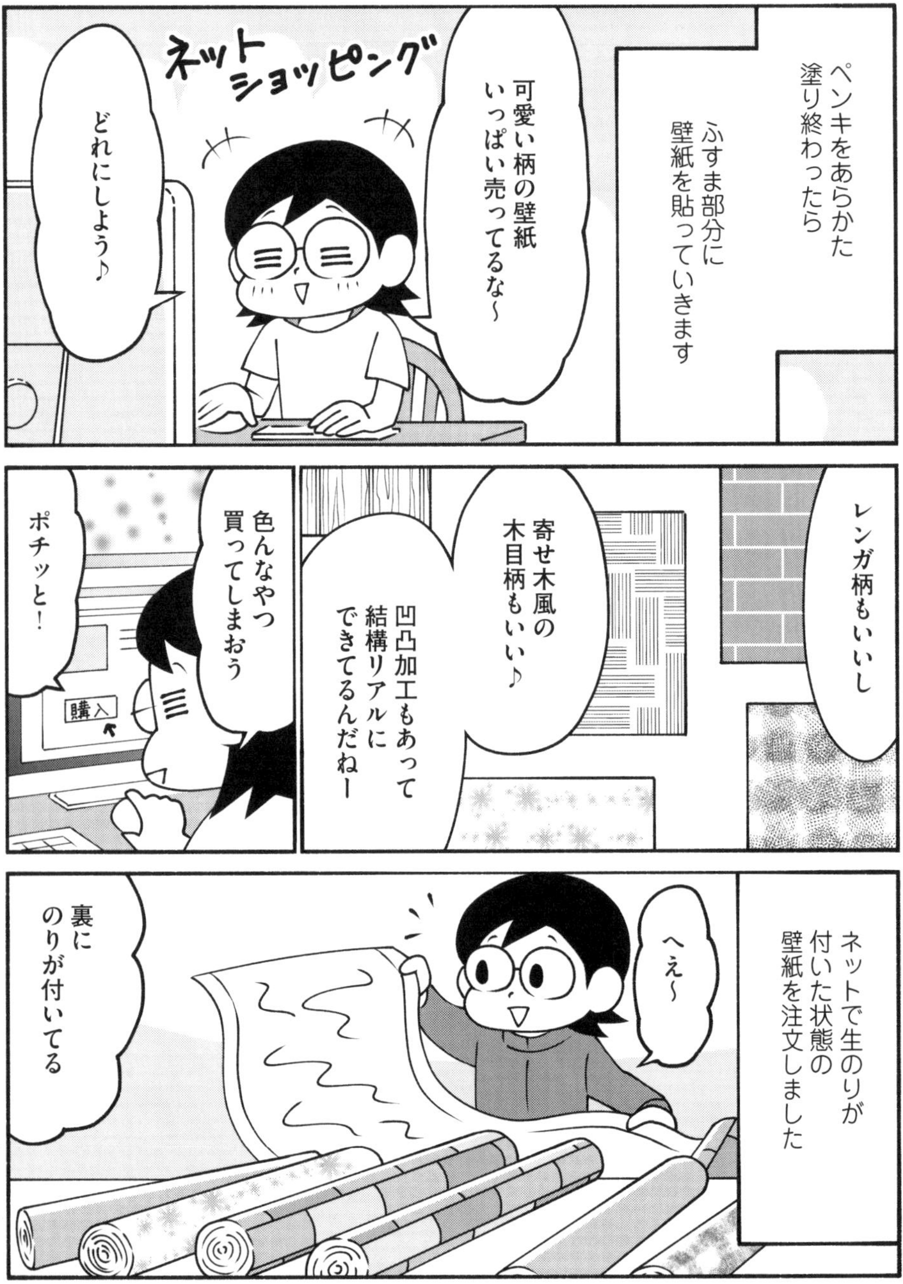

ペンキをあらかた塗り終わったら
ふすま部分に壁紙を貼っていきます
可愛い柄の壁紙いっぱい売ってるな～
ネットショッピング
どれにしよう♪
レンガ柄もいいし
寄せ木風の木目柄もいい♪
凹凸加工もあって結構リアルにできてるんだねー
色んなやつ買ってしまおう
ポチッと！
購入
ネットで生のりが付いた状態の壁紙を注文しました
へえ～
裏にのりが付いてる

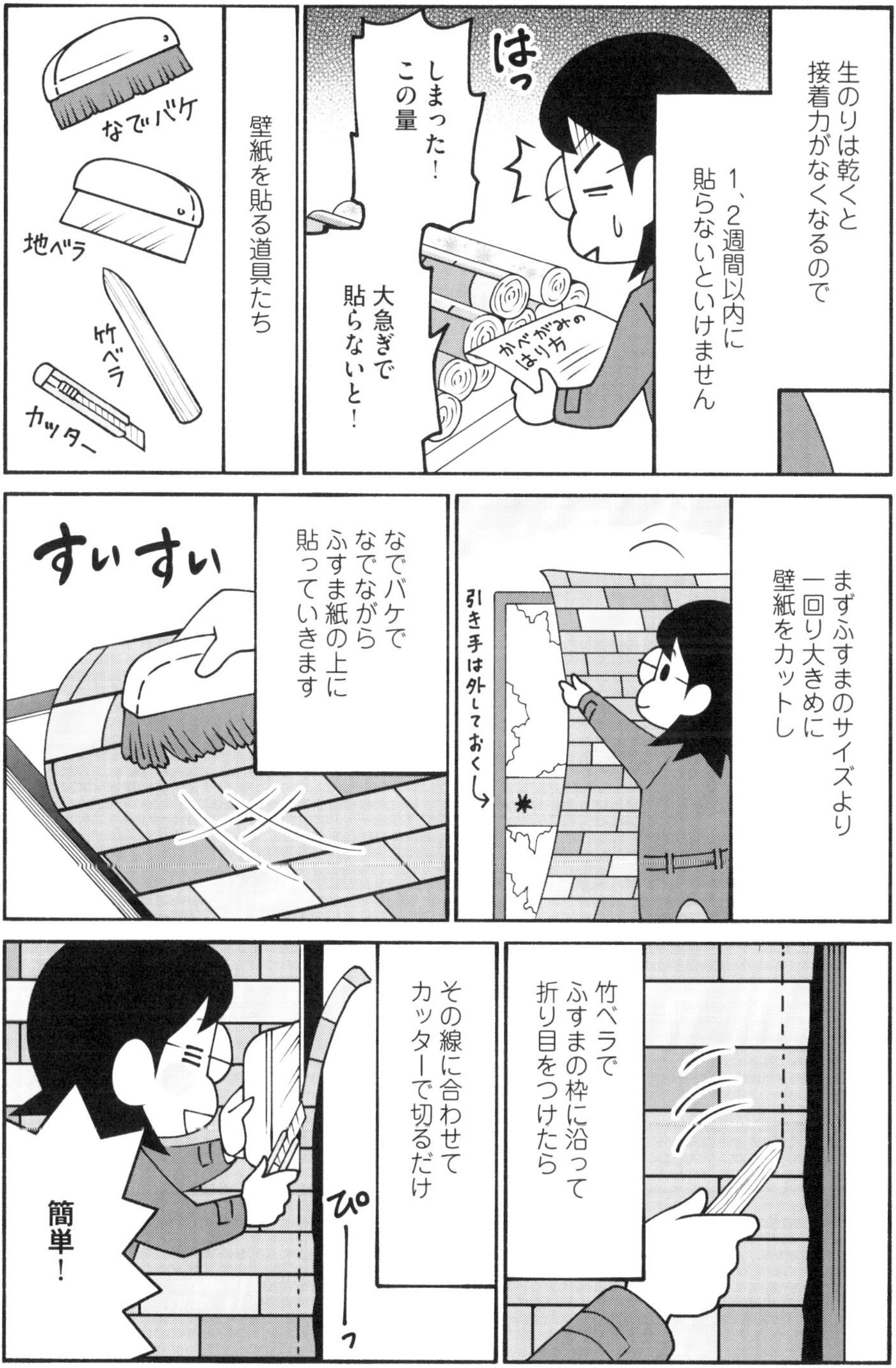
生のりは乾くと接着力がなくなるので
1、2週間以内に貼らないといけません
はっ
しまった！この量
かべがみのはり方
大急ぎで貼らないと！
壁紙を貼る道具たち
なでバケ
地ベラ
竹ベラ
カッター
まずふすまのサイズより一回り大きめに壁紙をカットし
引き手は外しておく
なでバケでなでながらふすま紙の上に貼っていきます
すいすい
竹ベラでふすまの枠に沿って折り目をつけたら
その線に合わせてカッターで切るだけ
ぴーーっ
簡単！

思ったより早くできたなー
こんな楽勝でいいのか
まだ壁紙余ってるし
他にも色んな所貼っちゃおう
下駄箱の扉とか
ちょっとした壁の隙間にアクセント的に使ってみる
面白い！
階段の壁も汚れてるし貼り替えちゃおうかな～
…と思ったけど
さすがにここは高くて怖い…

階段の壁紙は業者さんにお願いしました
さっさっさっ
すげえ
一人ではしご一台で貼る
内装業者　¥−40,000
壁紙貼ってすっきり！
前の汚かった部屋が嘘みたいだ♪
ふすまも洋風になっていい感じ！
これなら女子ウケしそう！
壁紙貼りで自信をつけた私は
楽勝♪
自己満足に浸っていました
しかし翌週物件に来てみると
べろーーーん
はがれとるーー!!
どいつもこいつも…
べろーん
べろーん
結構派手にはがれとるーー!!

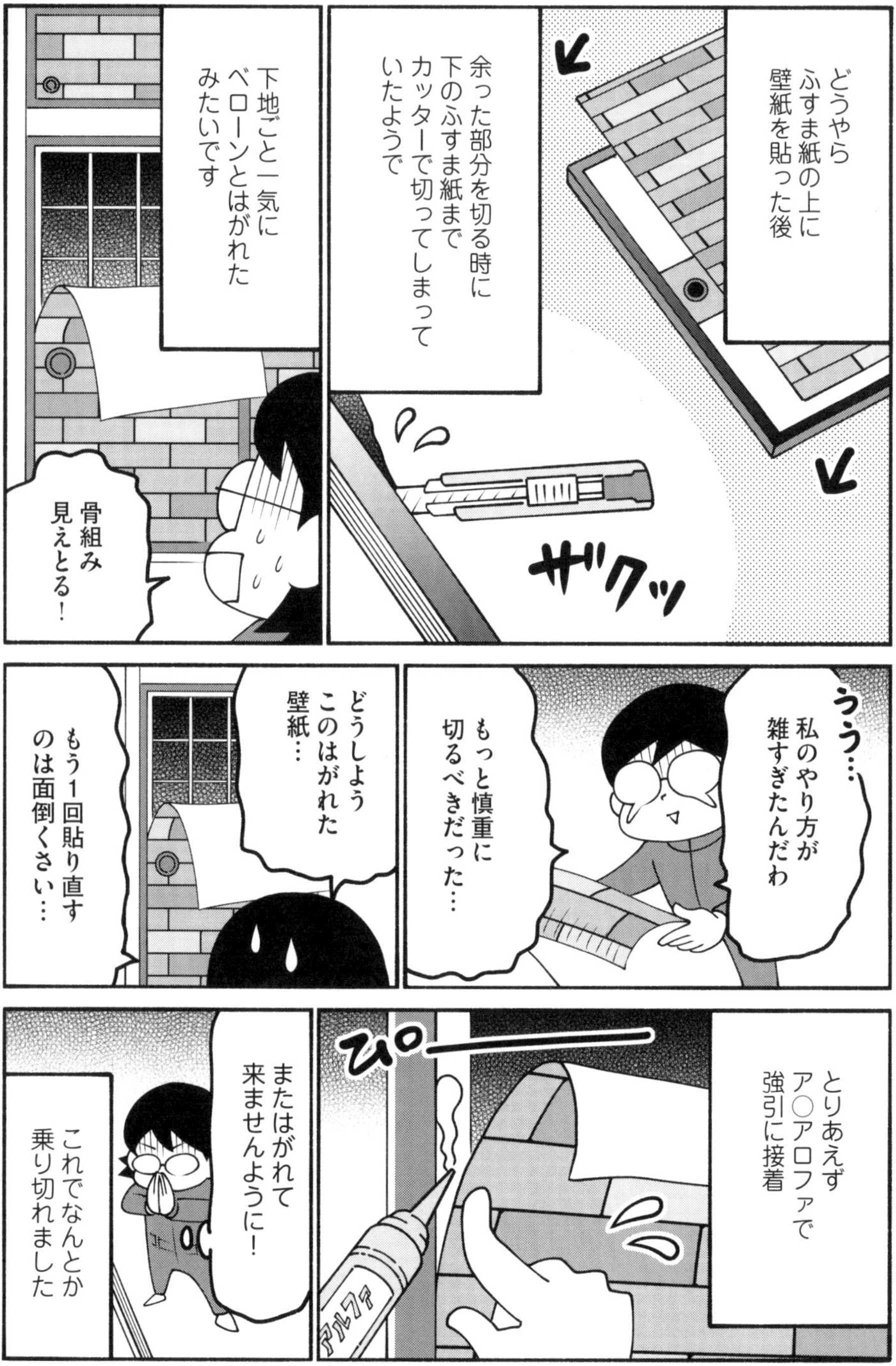
どうやら
ふすま紙の上に
壁紙を貼った後
余った部分を切る時に
下のふすま紙まで
カッターで切ってしまって
いたようで
ザクッ
下地ごと一気に
ベローンとはがれた
みたいです
骨組み
見えとる！
うう…
私のやり方が
雑すぎたんだわ
もっと慎重に
切るべきだった…
どうしよう
このはがれた
壁紙…
もう1回貼り直す
のは面倒くさい…
とりあえず
ア○アロファで
強引に接着
ぴロ――
アルファ
またはがれて
来ませんように！
これでなんとか
乗り切れました

ドアがボロボロ

最初の内装シミュレーションでは
フレンチシャビーな
ペールトーンのブルーがいいなー
インテリアデザイナー気分
トイレのドアやキッチンの扉をペンキで塗ると決めました
ペンキで塗るための下準備をしようと
ドアを外してチェックをしていたら…
…あれ
ドアの下半分…
犬のおしっこで朽ちてる!!
ボロッ
台所の扉も!
よく見たら下のほうボロボロだ!
触ったら欠けた!!
ギャー!!
バキッ
ドア死んでるー!!

どうしよう こんな状態じゃ
バキバキ
ペンキなんて 塗れん!!
上から カッティングシート 貼ってごまかすか…
いや 表面がガタガタだから 貼っても汚くなるだけ…
こうなったら もう1枚
ベニヤを上貼りして 再生しよう
床もボロボロだったけど 大工さんにベニヤ貼って もらって直ったもんね
きっとうまく 行くはず…
ネットで薄い ベニヤ板を 注文しました
サイズに合わせて 切って送って くれる
そうだ! どうせなら
ベニヤの木目を 生かして ナチュラルっぽい ドアにできないかな

思いつきでベニヤを切って並べ替え
裏にボンドをつけてドアに貼り付けたら
ペタ
木工用ボンド
アンティーク調の釘で打ち付けていきます
※100均の釘
カンカン
いいんじゃない?
ほっ
ガッチリ
頑丈そうなドアになった
ペンキはやめて木目を生かそう!
キュッ
キュッ
ブライワックスとオイルでナチュラル仕上げだ

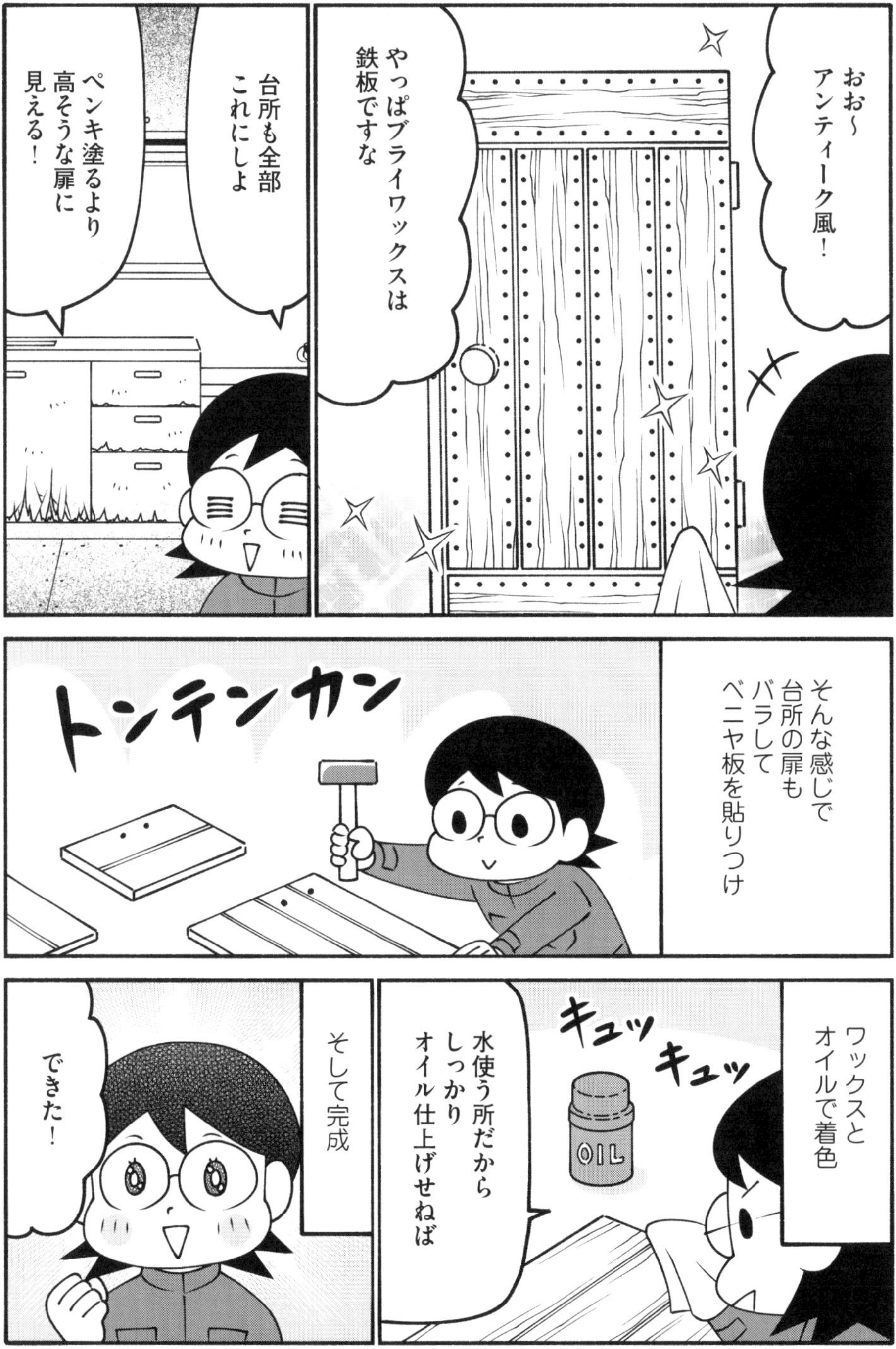
おお〜
アンティーク風！
やっぱブライワックスは
鉄板ですな
台所も全部
これにしよ
ペンキ塗るより
高そうな扉に
見える！
そんな感じで
台所の扉も
バラして
ベニヤ板を貼りつけ
トンテンカン
ワックスと
オイルで着色
キュッ
キュッ
OIL
水使う所だから
しっかり
オイル仕上げせねば
そして完成
できた！

いい感じ――
木のぬくもり感じるカフェスタイルな台所！
元があんなボロボロの扉だったとは誰も気づくまいよ
バッキバキ
ボッロボロ
ここまでキレイになると
ドアノブとか取手もオシャレなのに変えたいな
木製ドアに合うやつ探そう
わくわく
どんどんDIYが楽しくなってきました

可愛い小物を取り付ける

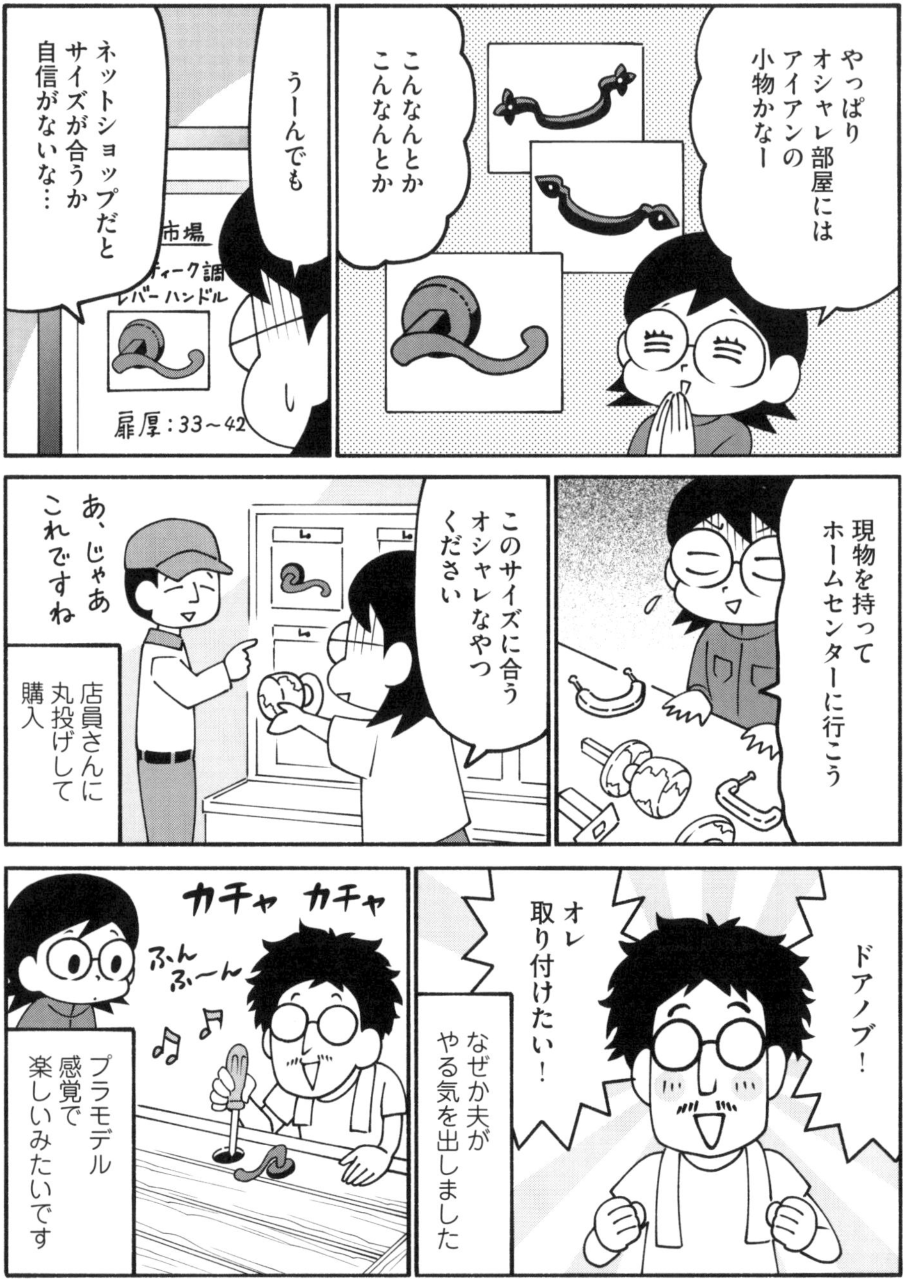
やっぱりオシャレ部屋にはアイアンの小物かなー
こんなんとかこんなんとか
うーんでも
ネットショップだとサイズが合うか自信がないな…
市場
レバーハンドル
扉厚：33～42
現物を持ってホームセンターに行こう
このサイズに合うオシャレなやつください
あ、じゃあこれですね
店員さんに丸投げして購入
ドアノブ！
オレ取り付けたい！
なぜか夫がやる気を出しました
カチャ カチャ
ふんふ～ん
プラモデル感覚で楽しいみたいです

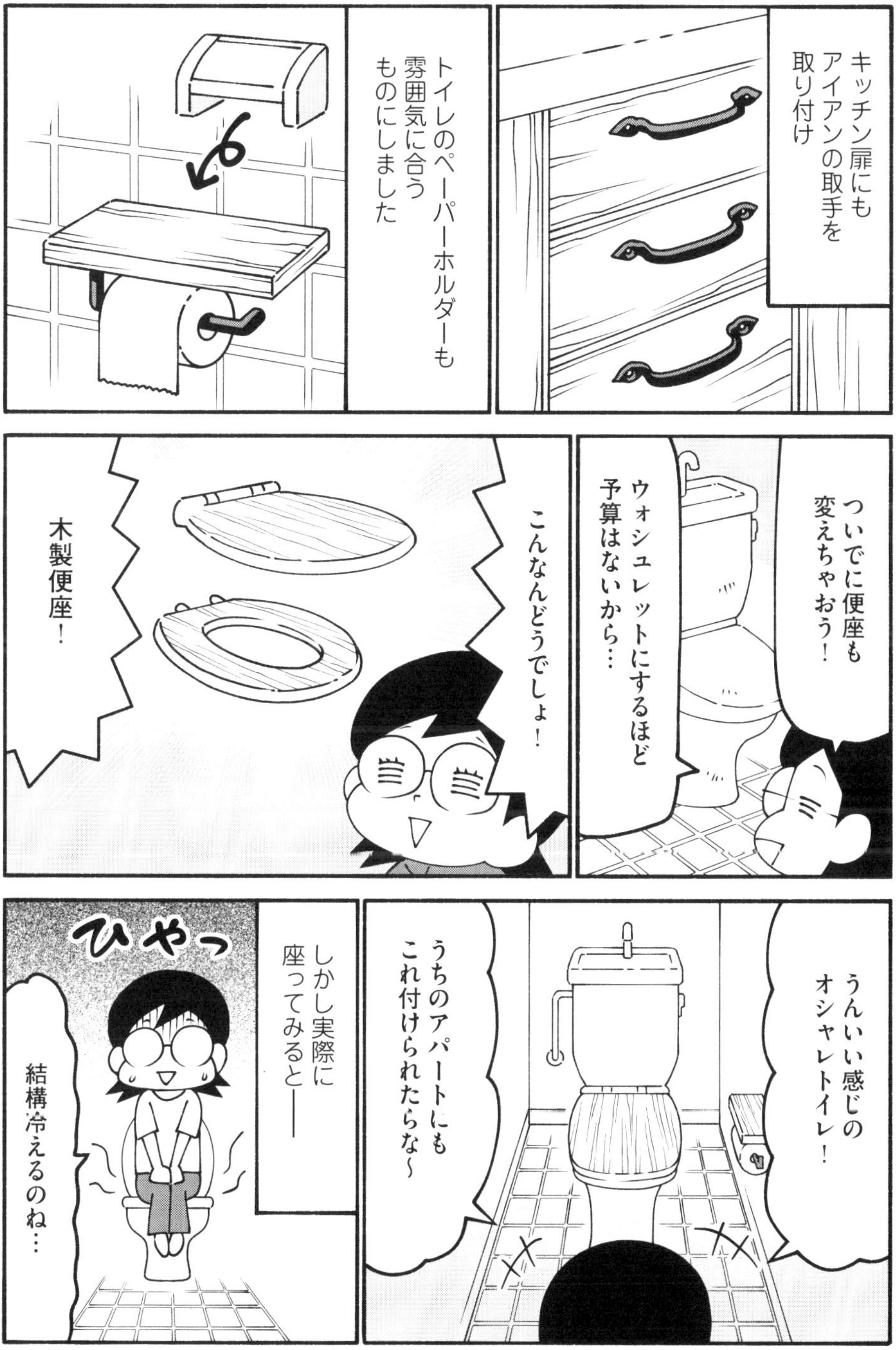
キッチン扉にもアイアンの取手を取り付け
トイレのペーパーホルダーも雰囲気に合うものにしました
ついでに便座も変えちゃおう！
ウォシュレットにするほど予算はないから…
こんなんどうでしょ！
木製便座！
うんいい感じのオシャレトイレ！
うちのアパートにもこれ付けられたらな～
しかし実際に座ってみると――
ひやっ
結構冷えるのね…

木製でナチュラルな部屋の雰囲気が出てきたので
ドアチェーン
スイッチプレート
タオルハンガー
小物置き
手すり
それに合わせて変えられる小物はどんどん変えていきました
そうそう
照明も変えないと
どうしよう♪
ここはやっぱり憧れの…
シーリングファンライト取り付けちゃおうかな～♪
なんて思ってましたが
ベコッ
あれ…
なんか天井弱い？
古い家は照明が重いと支えられず落ちてくることもあるそうです
怖っ！
ファン回すのは無理か…

しょうがないので
リサイクルショップで
見つけた安い照明を
取り付け
ニ[redacted]りっぽいやつ
おお〜いいじゃない
照明変わると
印象全然違う！
おねだん以上！
やっぱり
あったかい光が
いいわ〜
こうして
小物の取り付けに
満足して
家に帰ろうとすると
ん？
あれ？
あれ？
部屋の電気…
ピカー
消すスイッチが
どこにもない!!
古い家あるある
照明には
紐スイッチがないと
電気が消せない
ことがあります
しまったあああ

このあと全部ひも付きに変えました。

細かい修繕

ボロボロだった
この家は
細かすぎて
人に頼めないような
修繕箇所が
多々ありました
まずその①
キシ キシ
地味にストレス
サッシの
開きが悪い
サッシ屋さん呼ぶと
お金がかかりそうだし
こういうのもDIYで
なんとかしないとなー
たまたま
お掃除バイトで
出会ったオーナーさんが
サッシ屋をやってる人で
こういう時の対処法を
教えてもらいました
サッシ下部のこの穴の中に
調整ネジがあるので
ドライバーで
回して高さを
調節します
ネジが
外れるまで
やっちゃ
ダメだよ
右に回せば上がって
左に回せば下がるので
これで左右の高さを
合わせれば開閉が
スムーズになるそうです

何度も何度も
やり直して
スイ〜ッ
できた
ようやくぴったり
合った時は
感動しました
細かい修繕その②
網戸のたわみ
たゆーん
網戸の張り替えは
ホームセンターでもよく
おすすめされてるし
誰でもカンタン！
あみど
特集
これくらい
すぐできるでしょ
実際張り替えてみると
ぴーん
あれ…
うまく張れない…
ピンと張ろうと
引っ張れば引っ張るほど
たわんでいく悪循環
たゆん
たゆん
ひー！
私不器用！
コツをつかむまで
何枚か無駄にしました
無理に引っ張らなきゃ
キレイにできたわ…

細かい修繕その③
排水口のフタとか
金具がちょっとだけサビてる
ドアストッパーとか
買い換えるほどのことではないけど
サビがあるとパッと見の印象が悪いかな…
銀メッキスプレーを噴射してみました
プシュー
銀メッキ
見た目新品に戻った!
ピカー
このスプレー便利だわ!
細かい修繕その④
お風呂の入口のスキマふさぐやつ
名前がわからないものが朽ちてる
新しいやつ買って取り替えたいけど
なんて検索していいかわからん…!
アロゾン検索
※「戸当たりテープ」でした

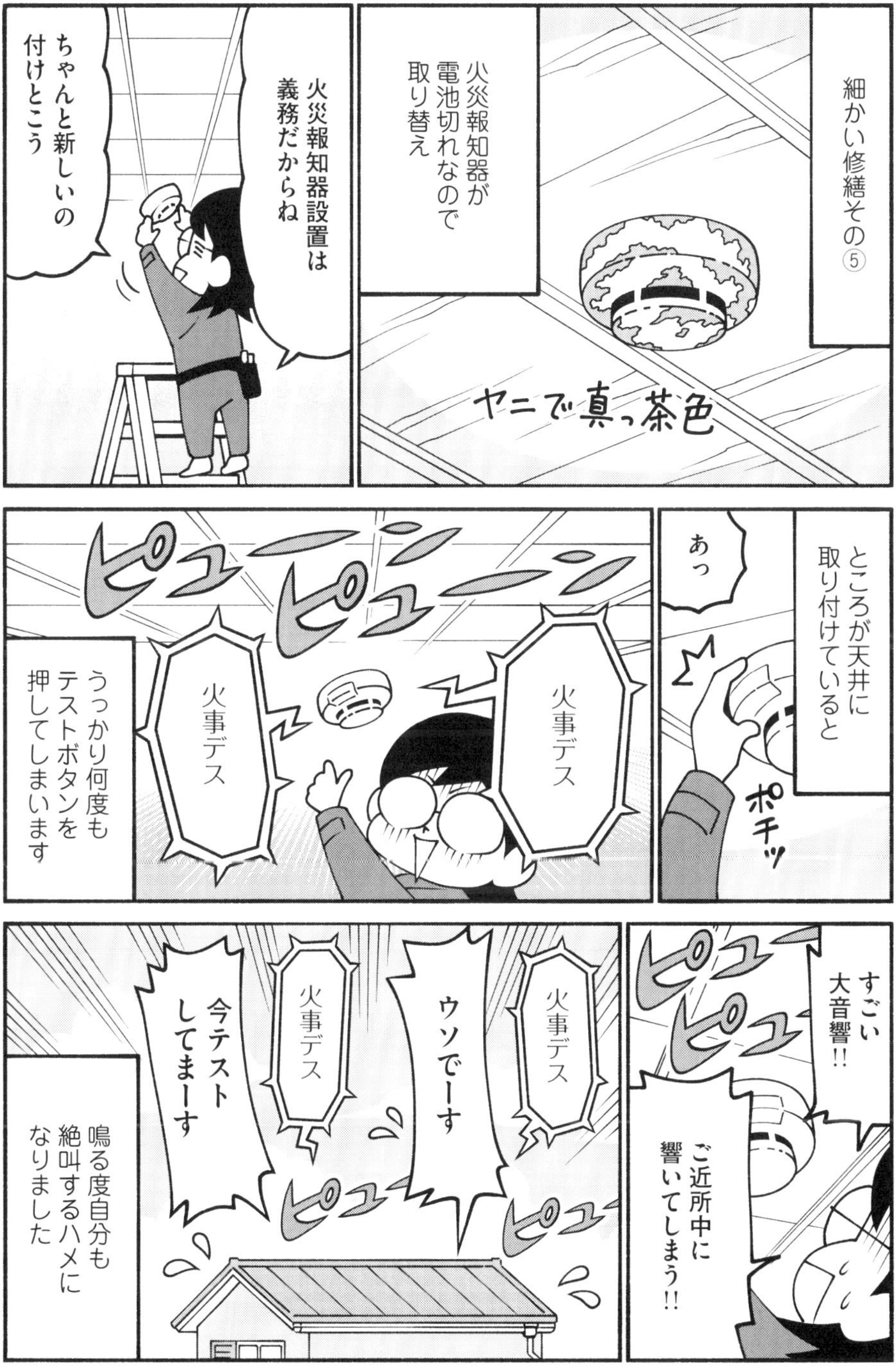
細かい修繕その⑤
火災報知器が電池切れなので取り替え
ヤニで真っ茶色
火災報知器設置は義務だからね
ちゃんと新しいの付けとこう
ところが天井に取り付けていると
あっ
ポチッ
ピューーピューーン
火事デス
火事デス
うっかり何度もテストボタンを押してしまいます
すごい大音響!!
ピュ
ピュ
ご近所中に響いてしまう!!
火事デス
ウソでーす
火事デス
今テストしてまーす
ピュ
ピュ
鳴る度自分も絶叫するハメになりました

床を仕上げる

ボロ家の内装DIYがほとんど終わり
いよいよ最後の工程です
床を貼るよ——!!
かり出された夫
CFボンド
これが最後の作業なんだな
そうそう
リフォームの基本は上から下へだからね
で、これは何?
ネットで注文したクッションフロアだよ

床材には色んな種類があって
大まかに分けるとこの3つです
フローリング
フロアタイル
クッションフロア
本物の木
樹脂製のうすいタイル
ビニール製のシート状床材
高
左に行くほど値段が高い
お金がないんでうちはCF《クッションフロア》で済ませます
なるほど
クッションフロアの貼り方
まず部屋に合わせて仮置き
半分ずつめくってボンドをつけ
貼り付けるを繰り返します
うりゃあああ

難しいのは
すみっこのほうです
壁際に沿って
カットしていく
こういう
所とか
難易度
高すぎる
でっぱり
よし！
ここは器用な
オレに任せろ！
頼んだ！
カリ　カリ
カリ
…すっげえ
スキマ空いた
ひいぃ
空いてしまったスキマには
床用のコーキング剤を
注入して
穴埋め
こうして
すべての床を
貼り終え…
できた―――！

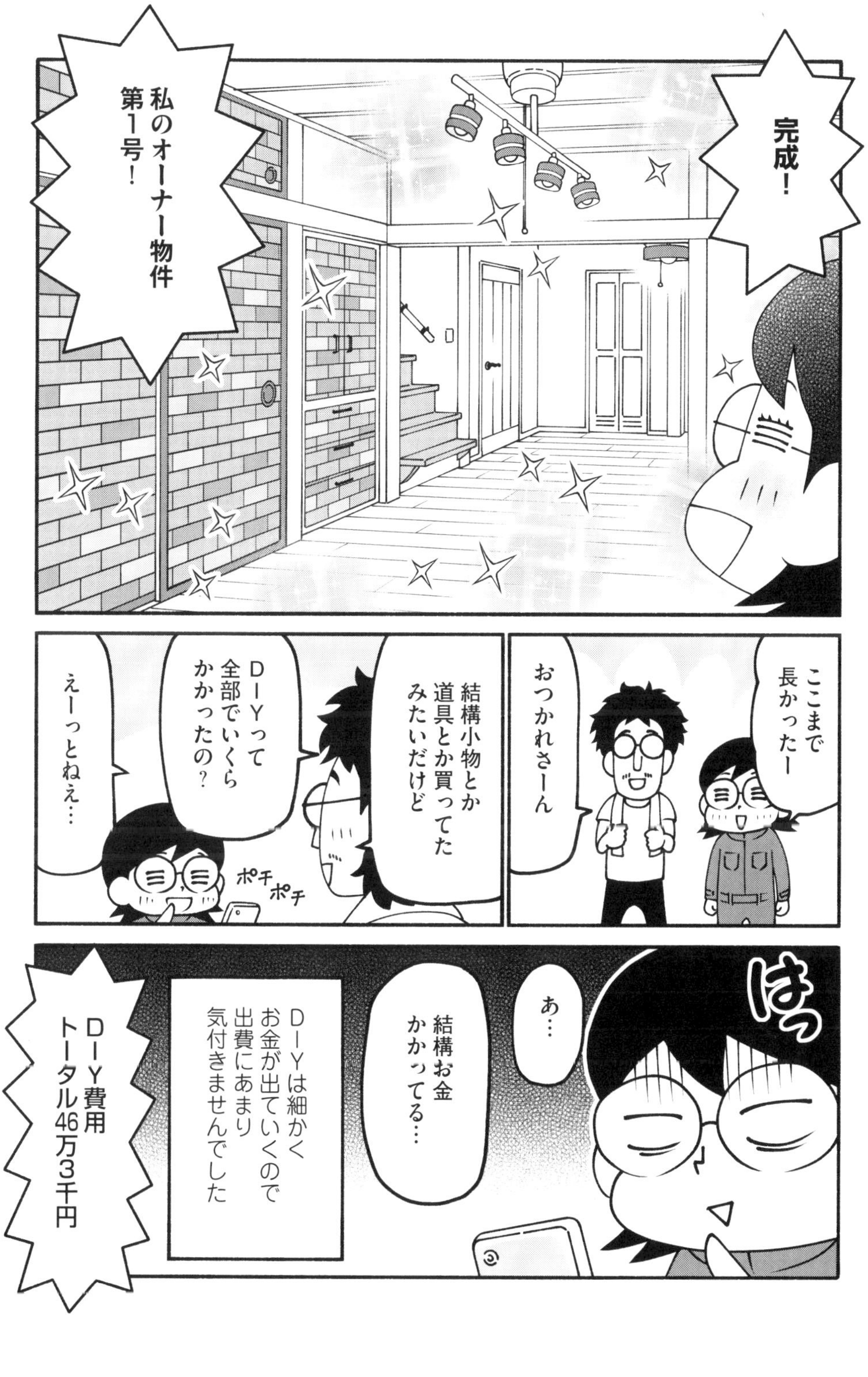
完成！
私のオーナー物件第1号！
ここまで長かったー
おつかれさーん
結構小物とか道具とか買ってたみたいだけど
DIYって全部でいくらかかったの？
えーっとねえ…
ポチポチ
はっ
あ…
結構お金かかってる…
DIYは細かくお金が出ていくので出費にあまり気付きませんでした
DIY費用トータル46万3千円

DIY便利道具図鑑 その⑤

マスカー

上にテープ
下はビニールシート
ピタッ
貼って
ファサー
広げると広範囲を
養生できる
楽
換気扇を
掃除する時も
キッチン
汚れない
汚れた場所に
荷物を置きたい時も
レジャーシート
代わり
ペンキの飛び散りを
防いでくれるだけでなく
突然の雨にも
即席
カッパ
日常生活にも役立つ
便利アイテム！

第5章

CHAPTER.05

入居者募集!
誰が借りてくれるのか!?

入居者募集スタート

総額425万かけて完成した一戸建
ついに貸家としてデビューです！
家を買った時に仲介のおにぎりさんに
入居者募集も僕やりたいんで
リフォーム終わったら声かけてください
と言われていたので連絡を取り
完成した家を見に来てもらいました
へえ～
あのボロボロだった家がこんなになるんですね
正直驚きです！
いや～

実はDIYでリフォームって聞いて不安だったんですよ
最近DIYするオーナーさん増えてますけど雑な施工も多くて…
でもこのレベルなら大丈夫ですね！
お客さん案内できそうです
ほっ
結構厳しく見てるんだな…
それじゃ早速間取り図作って入居者募集かけちゃいますね
お家賃はいくらにしますか？
うーん…ネットで調べたらこの家の近くに同じような広さの戸建が5万3千円で募集されてて
貸家
5.3
大体それくらいかなあと
了解しました！
では5万3千円で募集しましょう
3日後
不動産ポータルサイトにうちの物件の募集情報が載りました
早っ
戸建
賃料 5.3
敷 なし 礼
2LDK
なんか我が子の発表会を見てるみたいな
ヘンな感覚——

決まらない入居者

こうして始まった入居者募集
賃貸一戸建て
賃料 53,000円
敷 なし 礼 なし
2LDK
POINT
内外装 オシャレリフォーム
どんな入居希望者が現れるだろうと
ドキドキしながら待っていました
しかし――
あれ…
1カ月…
なんの音沙汰もない…
もしもーし おにぎりさーーーん
募集どんな感じですかー?
ああ〜…
まあまあ渋いっすね…
反響は結構あるんですが
どうもいまひとつ決め手にかけるみたいで…
すみません 僕もうちょっと頑張ります
そうですか…

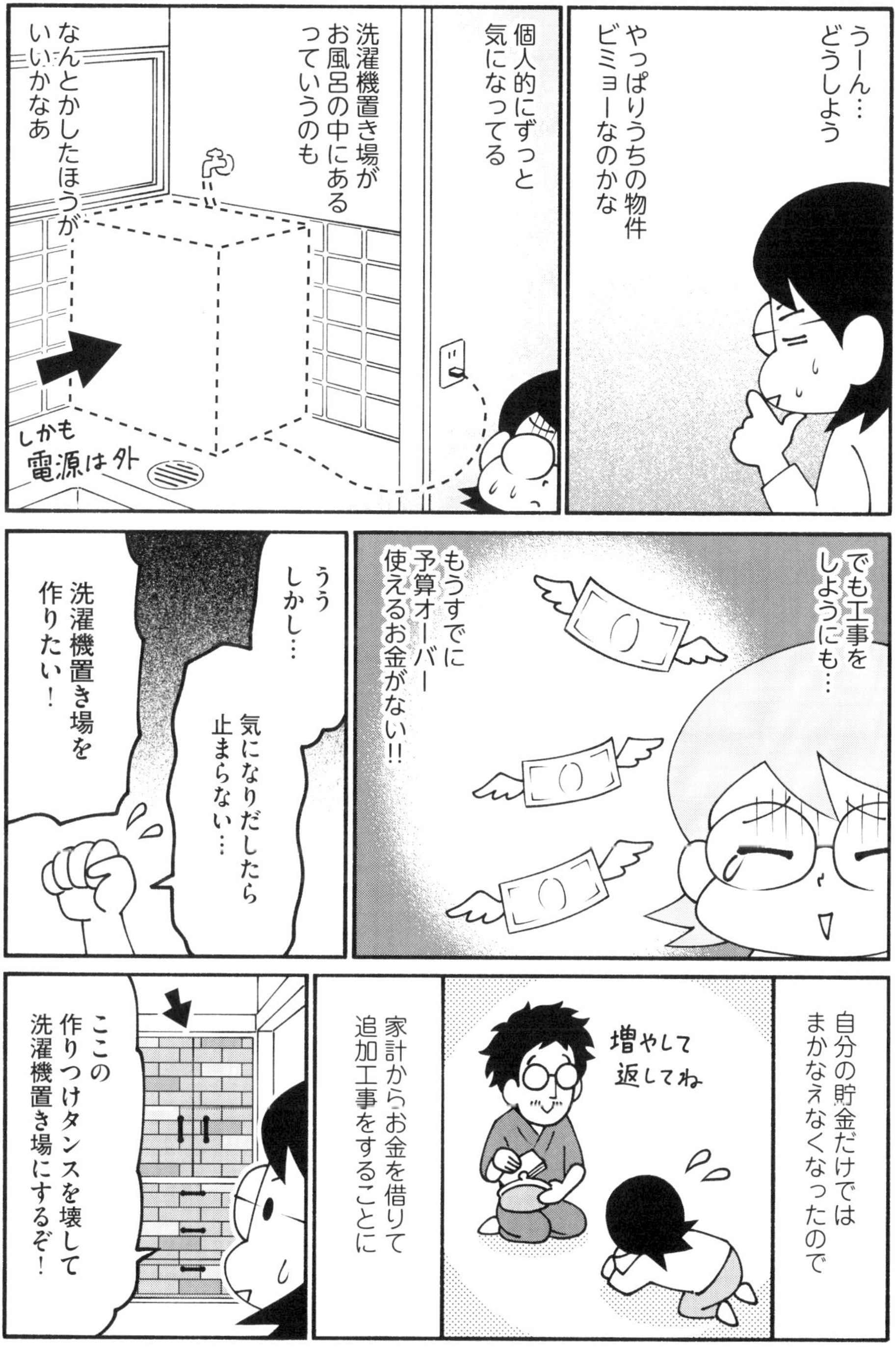
うーん…
どうしよう
やっぱりうちの物件ビミョーなのかな
個人的にずっと気になってる
洗濯機置き場がお風呂の中にあるっていうのも
なんとかしたほうがいいかなあ
しかも電源は外
でも工事をしようにも…
もうすでに予算オーバー
使えるお金がない!!
うう
しかし…
気になりだしたら止まらない…
洗濯機置き場を作りたい!
自分の貯金だけではまかなえなくなったので
増やして返してね
家計からお金を借りて追加工事をすることに
ここの作りつけタンスを壊して洗濯機置き場にするぞ!

工事のために
大工さんの他
どやどや
水道屋さんや
電気工事の人も
来てくれたので
ここぞとばかりに
追加工事をお願い
しました
ここと ここの
水栓交換と
あと
外灯も変えて
ください
追加工事費用
23万円也
出費は
これで
最後!
もうこれ以上
お金使わないよ!
引き続き
入居者募集しましたが
内見何人か
来てくれるんですが
…決まりませんねえ
そして忘れた頃に
怖ろしいものが
届きました
ん?

不動産取得税！
ひいいい
6万3千円!!
ハシモト様
¥63,000-
払ってね
さいたま県
出費はなかなか止まりません
夏に買ったこの物件
季節はいつの間にか冬から春になろうとしていました
不動産の繁忙期と言えば
就職
進学
転勤
1月
2月
3月
需要増
引越しシーズンの1～3月に当たります
戸建賃貸の場合繁忙期の影響はそれほど受けないと聞きましたが…
すみません…そろそろ繁忙期終わりそうなんで
家賃を5万円に下げませんか？
…はい
泣く泣く家賃を引き下げ
5.3万→5万
あとで調べたら近所で5.3万円だった貸家も5万に値下げされてました
…仲間だ

水道管破裂事件

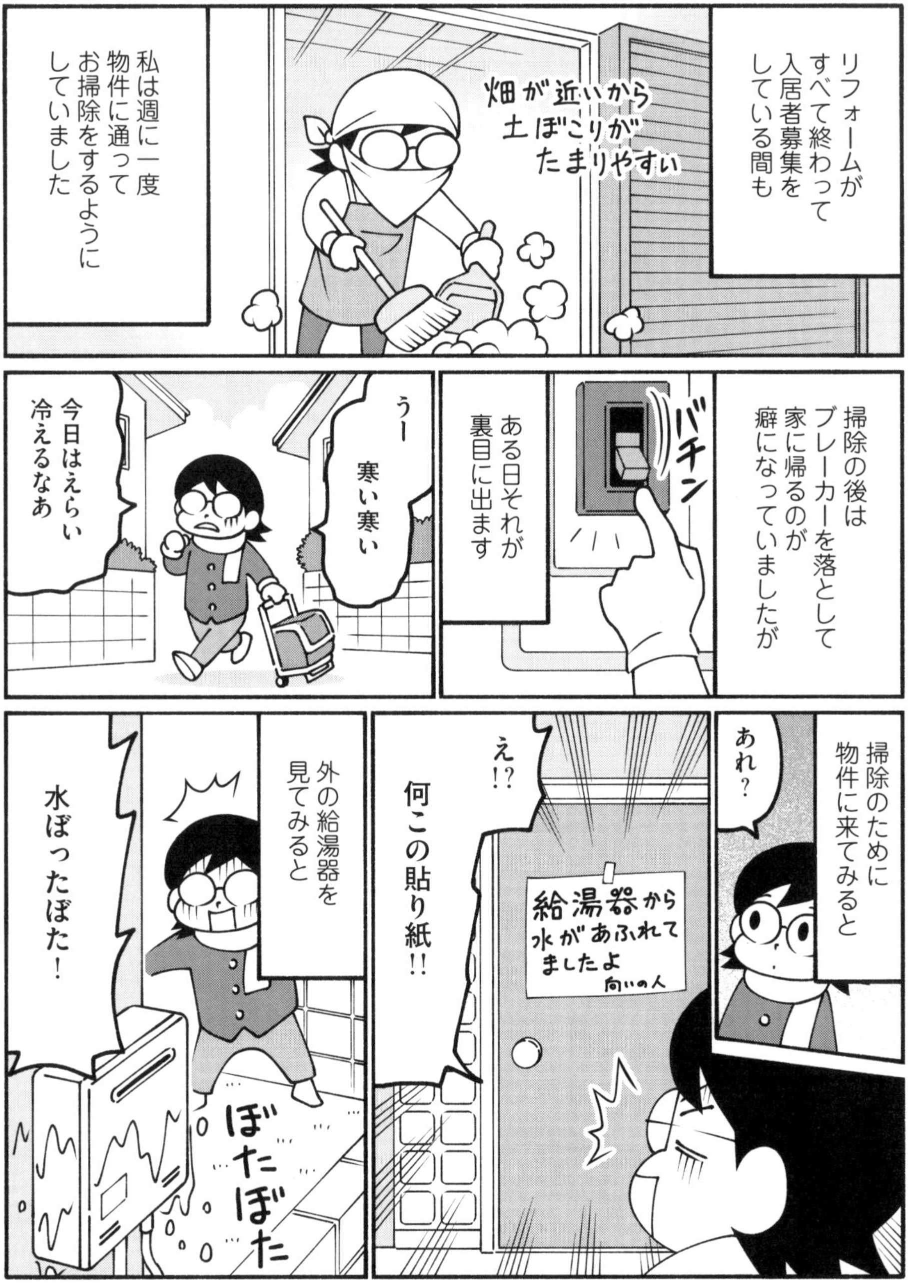

リフォームがすべて終わって入居者募集をしている間も

私は週に一度物件に通ってお掃除をするようにしていました

畑が近いから土ぼこりがたまりやすい

掃除の後は家に帰るのが癖になっていましたが

ブレーカーを落として

ある日それが裏目に出ます

バチン

今日はえらい冷えるなあ

うー 寒い寒い

掃除のために物件に来てみると

あれ？

給湯器から水があふれてましたよ
向いの人

え!?

何この貼り紙!!

外の給湯器を見てみると

水ぼったぼた！

ぼたぼた

162

どうやらこの日の朝うちの給湯器が水漏れしていたらしく
向かいの人が見つけて水道の元栓を閉めてくれたみたいです
話を聞くと――
いやーすごかったよ
水がブシャーって
ブシャーッ
急いでガス会社の人を呼んで給湯器修理をしてもらいました
あー…
中の管が破裂しちゃってますね
もしかしてブレーカー下げてました?
はい…
冬場はブレーカー上げたままにしておかないと凍結で配管が破裂するんですよ
ほんわか
給湯器の中に凍結防止のヒーターがあって
それが止まっちゃうんです
なるほどー…

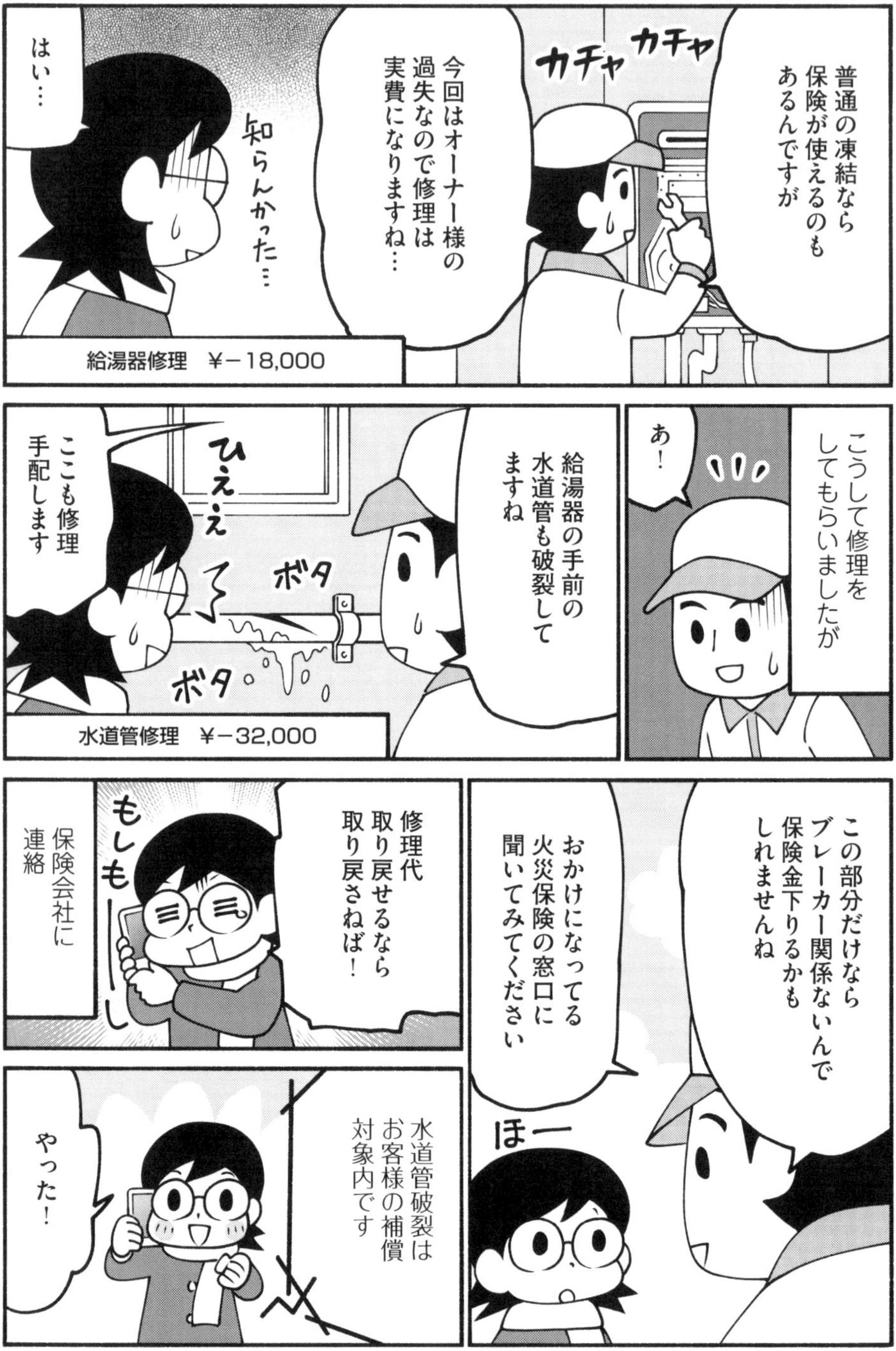
普通の凍結なら保険が使えるのもあるんですが
カチャ カチャ
今回はオーナー様の過失なので修理は実費になりますね…
知らんかった…
はい…
給湯器修理　¥－18,000
こうして修理をしてもらいましたが
あ！
給湯器の手前の水道管も破裂してますね
ひええ
ボタ
ボタ
ここも修理手配します
水道管修理　¥－32,000
この部分だけならブレーカー関係ないんで保険金下りるかもしれませんね
おかけになってる火災保険の窓口に聞いてみてください
ほー
修理代取り戻せるなら取り戻さねば！
もしもし
保険会社に連絡
水道管破裂はお客様の補償対象内です
やった！

保険金請求のために書類が送られてきました
え～っと損害状況を書いて…
領収書と修理前と後の水道管の写真を添付するのね…
え…!
証人として隣の家の人のサインがいるの!?
隣人
氏名
住所
TEL
署名
…めんどくさー
隣のおばあちゃんに頼んだら快く引き受けてくれました
書くわよー!
あとおまけに大根もくれましたラッキー
書類を返送するとすぐ保険金の振り込みが!
よかったー～
火災保険の大事さが身にしみてわかりました

保険金GET ¥+32,000

恐怖！シロアリの飛翔

家賃を値下げしたものの
5万3000円
¥50,000
POINT
敷なし
礼なし
一向に入居者が決まらない我が物件
たまに有力な入居希望者が現れますが…
凄く乗り気な人が明日内見に来られるそうです！
うーん
楽器が弾きたくて一戸建て探してるんですけど…
ここは隣の家が近すぎますね
すみませんダメでした…
そうですか…
様々な理由で成約に至らず
せめて家は常にキレイにしていようと
毎週掃除に通い続けました
そんなある日——
ん？

なんか庭に虫が多いな
何が飛んでるんだろ
不思議に思いながら
家掃除をしていると――
えええー!!
うじゃ
うじゃ
何これ!!?
サッシと外壁のスキマから
うじゃ
うじゃ
やけに細長い羽の虫が大量に湧き出てきます
ぞわぞわ
なんだかよくわかんないけどコレ…
本能的にヤバイやつっ!!
ぶわっ
ひえええ!!

調べてみると
ヤマトシロアリの羽アリ…
これだ！
シロアリーーー!?
なんで？防蟻工事したのに!?
シロアリ業者さんを再び呼びました
助けてくださーい！
すぐ調査します！
…あれ？
前回床下潜る時開けた穴…
ふさいじゃいました？
あっ…
床リフォームしちゃった!!
急遽大工さんを呼んで押し入れに床下点検口を作ることに
チュイーン

点検口造作　¥−30,000

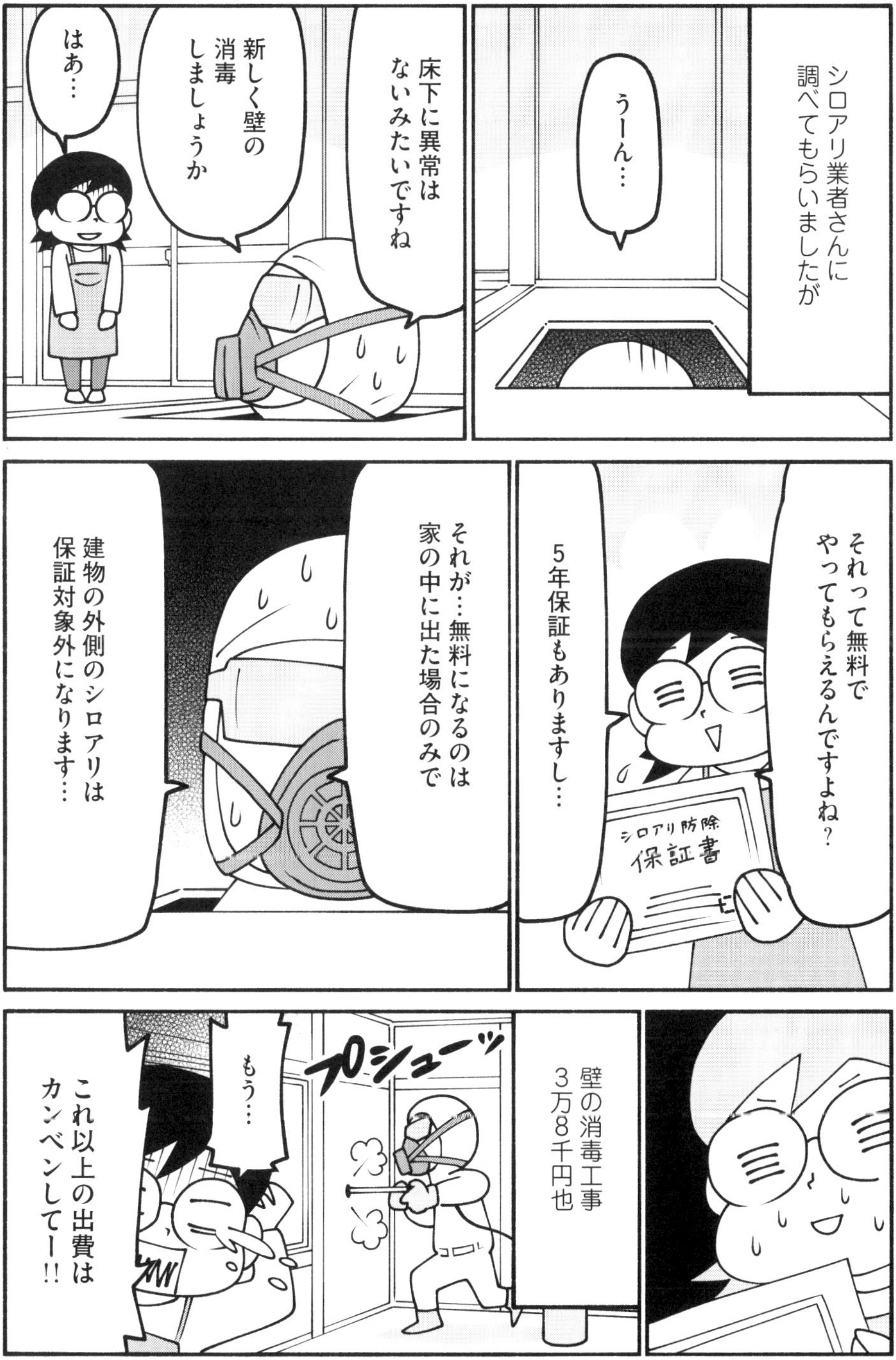
シロアリ業者さんに調べてもらいましたが
うーん…
床下に異常はないみたいですね
新しく壁の消毒しましょうか
はあ…
それってやってもらえるんですよね？
5年保証もありますし…
シロアリ防除
保証書
それが…無料になるのは家の中に出た場合のみで
建物の外側のシロアリは保証対象外になります…
壁の消毒工事3万8千円也
プシューッ
もう…
これ以上の出費はカンベンしてー!!

不動産屋に営業行脚

ついに入居者が決まらないまま
繁忙期が終わってしまった…
もうおにぎりさんだけに任せてはおけん！
すみません…
他の不動産屋にも営業に行こう！
私は物件の写真や間取り図をカバンにつめ
近所の不動産会社に物件の仲介をお願いしに行きました
しかしどこの会社も
うーん
「おにぎりさんの会社にも頼んでる」
と言うとあまりいい顔をせず…
他の管理会社入ってるとうちじゃ紹介できないんだよ
自主管理ならいいんだけど

不動産における「管理」とは
大家
委託
管理費
家賃の5%くらい
管理会社
不動産
管理
自主管理
管理業務
クレーム処理
家賃入金チェック
入退居レンラク
草むしり
設備修理
入居者
入居者とのやりとりや壊れた設備の修理など賃貸にまつわるめんどくさ〜い業務のこと
それを不動産会社に任せず大家が直接やるのが「自主管理」です
入居者決まったらおにぎりさんの会社に管理を頼もうと思ってたけど
ここはやっぱり…
自主管理で行きます！
なのでお客さん仲介してください！
はいよー
こうして色々な不動産屋さんをめぐって
物件をアピールしてきました
特に反応が良かったのが
いいですねこのおうち！
某大手全国チェーンの不動産会社です

お家賃も
お手ごろですし
ぜひうちで案内
させていただきます！
貸家
¥50,000
なーんて
言っていましたが…
すみません
オーナーさん…
やっぱりあの物件
値下げできませんかね…
現地調査に来て
みたんですが
思ったより
間取りが狭くて…
4万5千円くらい
でないと
難しいかなーと…
4.5万円!!
近所で5.3万から
5万円になってた
貸家もチェック
してみると…
…こいつも4.5万円になってる
5万
→4.5万
しぶしぶ値下げを
受け入れ
賃貸一
賃料5万円
↓
¥45.000
敷なし 礼なし
POINT
リフォーム
2LDK
しかし大手全国
チェーンの勢いは
すごかったです
RRR
オーナーさん
入居者決まり
ました！
ええっ!?
もう??

ついに希望通りの入居者が…？

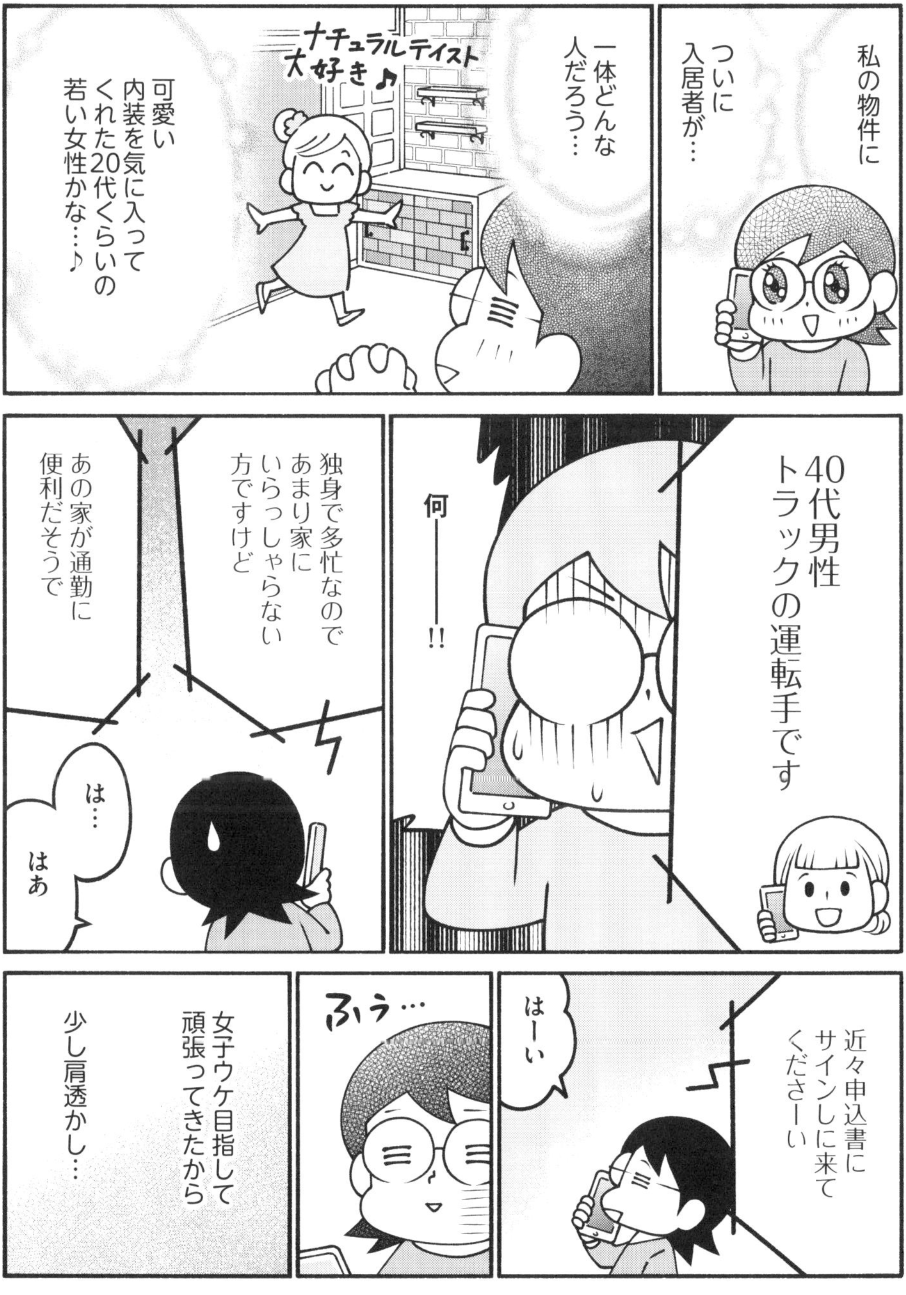

私の物件に
ついに入居者が…
一体どんな人だろう…
ナチュラルテイスト大好き♪
可愛い内装を気に入ってくれた20代くらいの若い女性かな…♪
40代男性トラックの運転手です
何――!!
独身で多忙なのであまり家にいらっしゃらない方ですけど
あの家が通勤に便利だそうで
は…はあ
近々申込書にサインしに来てくださーい
はーい
ふぅ…
女子ウケ目指して頑張ってきたから
少し肩透かし…

入居者が決まった旨を
おにぎりさんにも報告しました
えええ～!!
そうなんですか!!
とっても残念です…
あの家は絶対うちで決めたかったので…
すみません…
今までご尽力くださってありがとうございました
そして物件
最後の掃除
キュッ
キュッ
さああとは
入居者さんを待つだけ
私もついに…
大家さんかあ…
なんだか感慨深いものがありました

しかし…
翌日…
オーナーさん
すみません…
例の入居者さん
キャンセルになりました…
え———!!!
一体何が
あったんですか!?
さあ…
私も理由がよく
わからなくて…
引き続き
入居者
募集続けます!
ガチャン
なんだったんだ…
40代トラック運転手…
とりあえず
おにぎりさんに
伝えとくか…
もしもーし
昨日の今日で
すみません
了解しました!
また募集
頑張ります

失意に暮れていた
…1週間後
おにぎりさんから1本の電話が
RRR
ん？
橋本さんやりました！
入居申し込み入りましたよ!!
えええ！ウソ！
あんなに長いこと決まらなかったのに!?
実は…あの家募集始めてすぐ問い合わせてくれてた方なんですよ
家賃が4.5万円に下がったのを知ってまた連絡をくれまして
20代女性の方で
あの家のことがずーっと気になってたみたいで
貸家
¥53,000
内見してひと目見ただけで即決でした
お部屋すごく気に入ってもらえたようです
…やったあー!!!

母1人、娘1人でお2人暮らしされるそうです
そうですか!
すごい!狙い通りのシングルマザー世帯!
20代のお母さんということは…
まだお子さん小さいんですかねー?
母
娘
いえ20代の娘さんと50代のお母さんの2人暮らしです
ほぅ!
そっちの組み合わせか!!
母
娘
とにかく…
私の物件を気に入ってくれる人が現れた…
こんなに嬉しいことはない!!
また後日うちの会社に契約に来てくださーい
はーい

賃貸契約

※※ホーム
どうもー
いらっしゃいませー
それでは
賃貸借契約書にサインをいただきます
橋本さん管理は自主管理でされるんですよね
ええまあ
自力で頑張ってみようかと…
うちで管理したかったですけど仕方ないですね～
自主管理でしたら
保証会社をつけるのがおすすめです
大家
保証会社
入居者
万が一家賃を滞納されてしまった場合この会社が代わりに払ってくれます
ほー
あと24時間サポートサービスもつけましょう
水もれ
電気
ガス
トラブル
応急処置
夜間に急なトラブルが発生しても安心です
ふむふむ

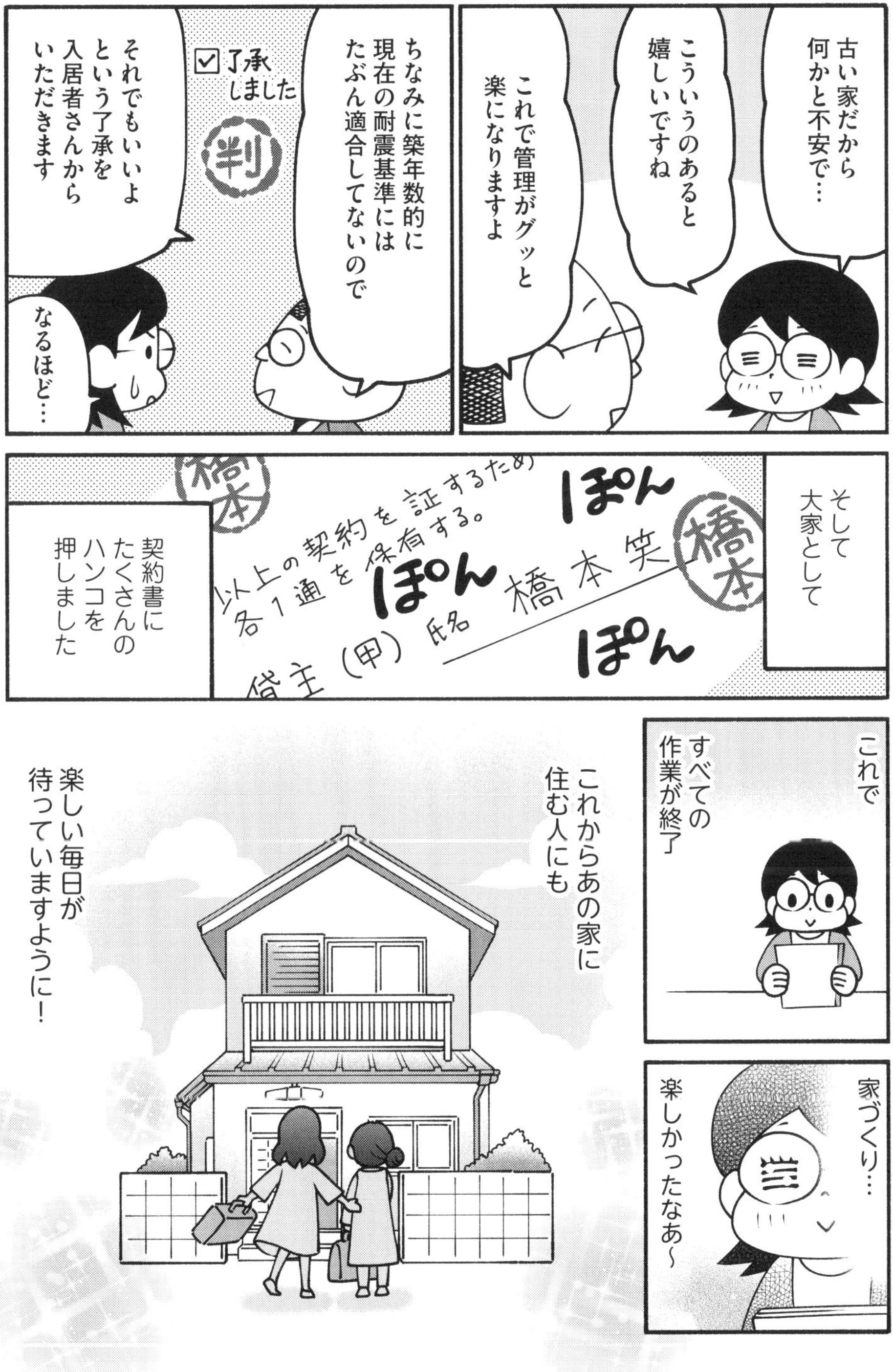
古い家だから何かと不安で…
こういうのあると嬉しいですね
これで管理がグッと楽になりますよ
ちなみに築年数的に現在の耐震基準にはたぶん適合してないので
了承しました
判
それでもいいよという了承を入居者さんからいただきます
なるほど…
そして大家として
以上の契約を証するため各1通を保有する。
貸主（甲）氏名 橋本笑
橋本
ぽん
ぽん
ぽん
契約書にたくさんのハンコを押しました
これですべての作業が終了
家づくり…楽しかったなあ～
これからあの家に住む人にも
楽しい毎日が待っていますように！

DIY便利道具図鑑 その⑥

ミッチャクロン

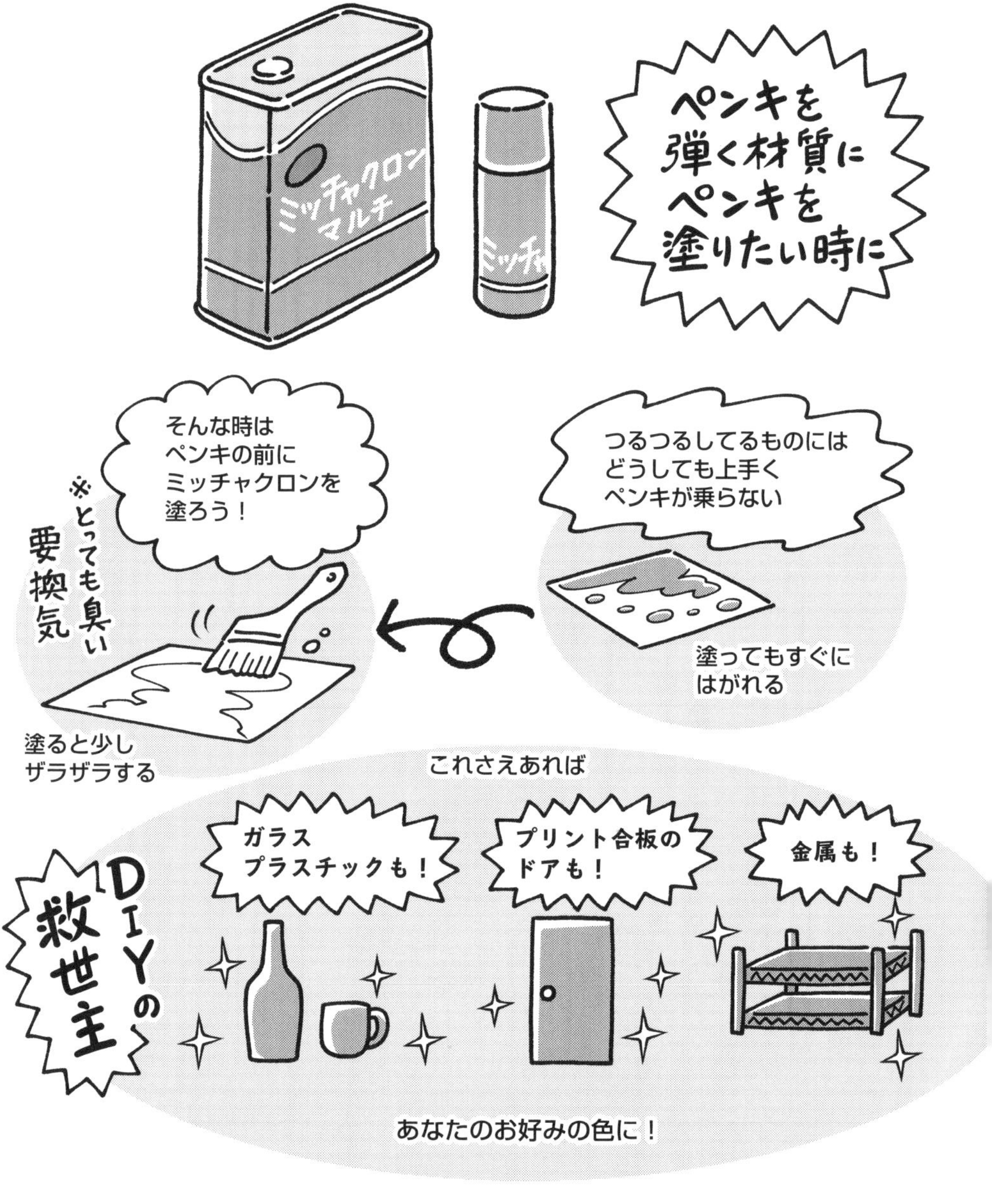
ミッチャクロン
マルチ
ペンキを弾く材質にペンキを塗りたい時に
つるつるしてるものにはどうしても上手くペンキが乗らない
塗ってもすぐにはがれる
そんな時はペンキの前にミッチャクロンを塗ろう！
※とっても臭い
要換気
塗ると少しザラザラする
これさえあれば
ガラス プラスチックも！
プリント合板のドアも！
金属も！
DIYの救世主
あなたのお好みの色に！

エピローグ：大家のお仕事

ひょー
私
ついに大家デビューしました！
やちん
やちん
自主管理という面倒くさい道を選んでしまったけど
しっかりした入居者さんのおかげで問題なくやれてます
…というか
戸建の大家って…
特にすることがない
自主管理大家の仕事その①
家賃入金管理
毎月25日に必ず振り込まれてる
仕事その②
トラブル対応
こういう紙を渡しておきました
お困りのことがあれば こちらへ
管理者 橋本
090-×△

でも
入居者さんからの
連絡は…
1年に1回程度です
し〜ん
1年目——
電気の契約って
どこに連絡したら
いいですか?
今電力自由化で
好きな所選べる
らしいですよ
2年目——
町内会費って
誰に払えば
いいですか?
私もわからん
隣のおばあちゃんに
聞いてみてください
3年目の連絡は
少し厄介でした
台所の排水が
水漏れしています
何——!!
取り急ぎ
24時間サポートに
頼んで応急処置を
してもらったらしい
ですが…
なんか排水管?
パイプ?が短いだか
なんだかで…
よくわからないけど
ちゃんと
直したほうがいいって…
う〜ん…自分が
現地にいないから
よくわからん
でも急いで
なんとかしてあげないと!

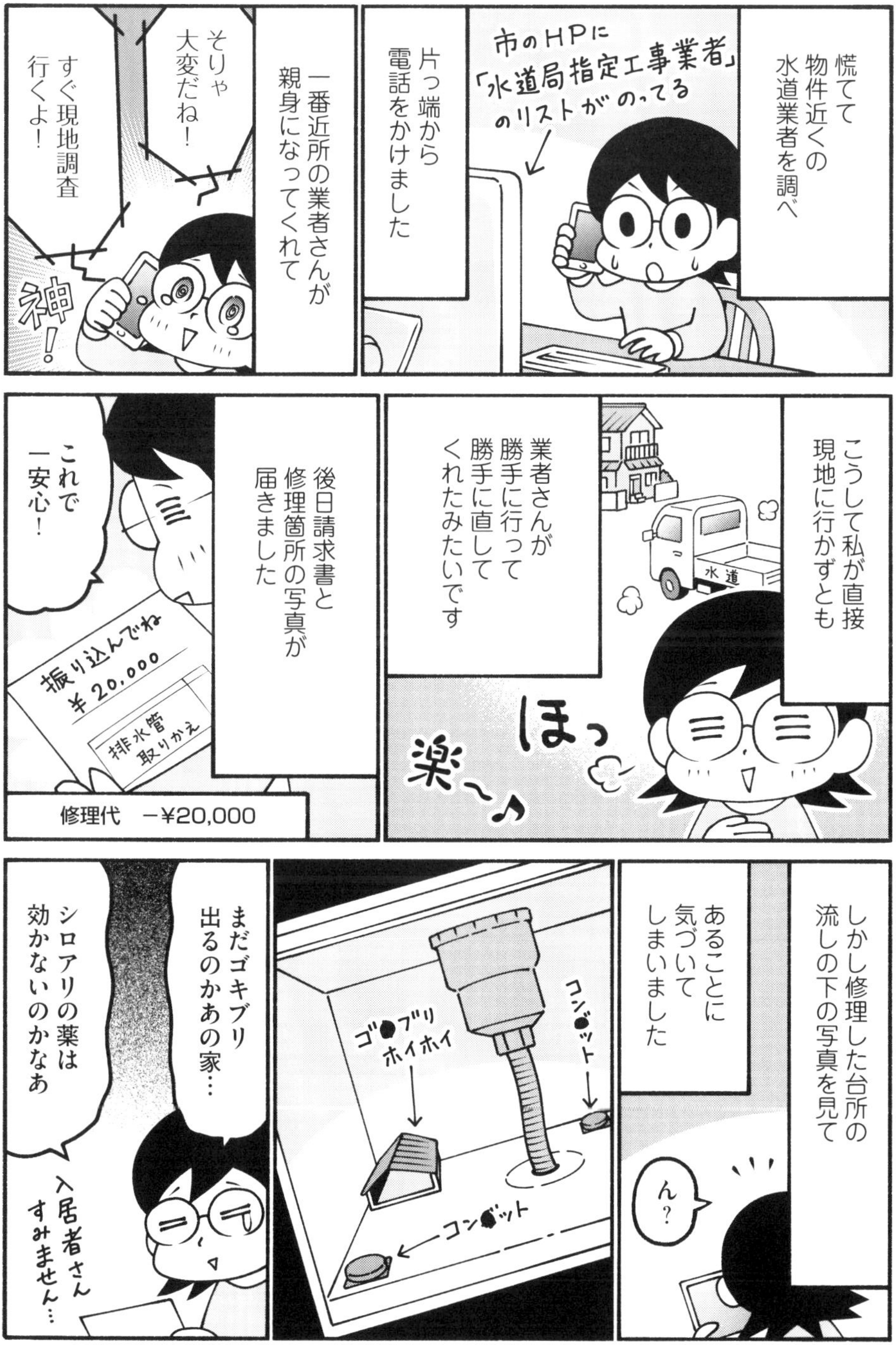
慌てて物件近くの水道業者を調べ
市のHPに「水道局指定工事業者」のリストがのってる
片っ端から電話をかけました
一番近所の業者さんが親身になってくれて
そりゃ大変だね！
すぐ現地調査行くよ！
神！
こうして私が直接現地に行かずとも
業者さんが勝手に行って勝手に直してくれたみたいです
水道
ほっ
楽〜♪
後日請求書と修理箇所の写真が届きました
これで一安心！
振り込んでね ¥20,000
排水管取りかえ
修理代 −¥20,000
しかし修理した台所の流しの下の写真を見て
あることに気づいてしまいました
ん？
コン●ット
ゴ●ブリホイホイ
コン●ット
まだゴキブリ出るのかあの家…
シロアリの薬は効かないのかなあ
入居者さんすみません…

大家に入るお金

皆さん
賃貸物件を
借りる時
賃料53,000円
敷金 なし 礼金 なし
2LDK
オシャレリフォーム
これって一体
なんのお金だろうな
と思ったことは
ありませんか?
敷金は退去する時
原状復帰に使われる
ものだけど…
?
礼金って大家の
ポケットマネーになるの?
なんのためのお金か
物件の入居者募集の時に
知りました
橋本さん
広告費は
どうしますか?
広告費?
成約時に
仲介してくれた
不動産会社に払う
大家
広告費
不動産
仲介手数料とは
別の報酬のことです
ボーナス的なもので
大体家賃、1カ月分です
これがあると
営業マンの
気合いが違うん
ですよ
うーん…でももう
お金ないしなあ…

そこで礼金の出番なんですよ
入居者さんから礼金を取って
それを広告費にあてる大家さんが多いです
入居者
礼金
大家
広告費
なるほど…礼金って結局不動産屋に入るお金なんですね
僕は広告費なくても頑張りますよー
同じように大家のポケットマネーになると思ってたのが…
1ヶ月分!?
更新料って何よ!?
更新のお知らせ
大家さん…こんなの取らないほうが長く住めるのに…
2年に1度の大出費…
一体なんのためのお金なんだろ
1ヶ月
更新料も不動産会社に入るお金でした
更新の手続きも僕がやります!
更新時の契約書の作成は素人にはハードルが高いのでプロにお任せしました
契約書
更新料はその報酬にあてられるものだったのです
どうも〜
更新料
大家に入るお金ではなかったか…

最終的な利回り発表

250万円で購入した私の物件
この時点では想定家賃5万円だったので
表面利回りは24%でした
でもこんな表面利回りなんて何も参考にならん
うおおぉん
リフォームにめっちゃお金使ってしもうた！
24%
そんなわけで各種細かい出費をすべて足した
最終的な利回りを計算します
家賃が4.5万円に下がってしまったのが予定外だったなぁ…
これでだいぶ利回り下がってしまった…
家賃
4.5万×1
さあ初めての私の物件
最終結果はこちらです！

入居者が入るまでにかかったお金

物件取得費

物件価格　…250万円
初期費用　…25万円

275万

リフォーム総額

工事費用（業者さん）…138.7万円
DIY費用　…46.3万円

185万

その他雑費

セミナー勉強代、税金、交通費など

10万

合計 **470万円**

年間家賃収入

家賃4.5万円×12カ月＝54万円

利回り計算式にあてはめると　54万円÷470万円×100

実質利回り…**11.48%**

最初の目標にはほど遠い！

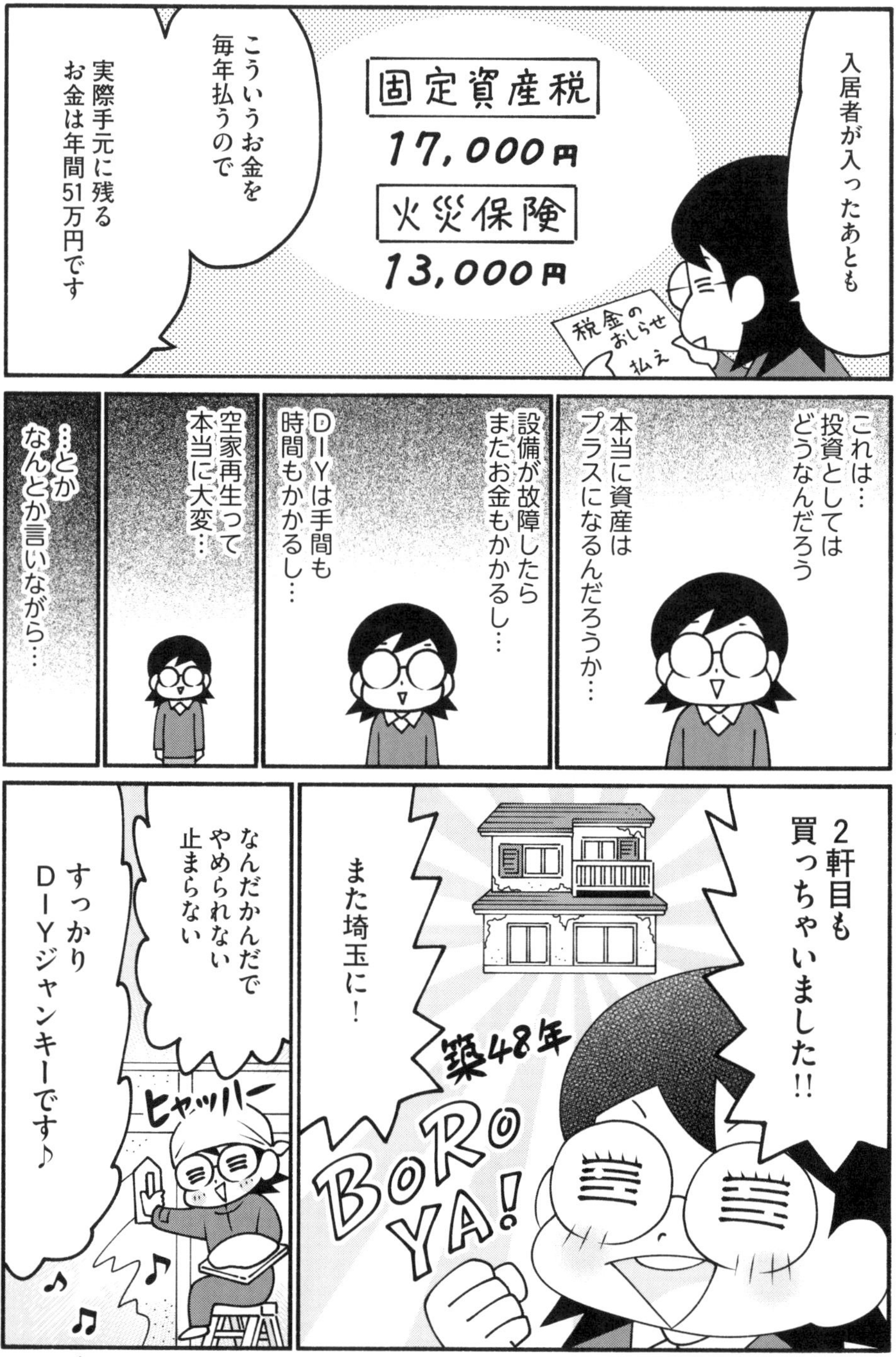
入居者が入ったあとも
固定資産税
17,000円
火災保険
13,000円
税金のおしらせ
払え
こういうお金を毎年払うので
実際手元に残るお金は年間51万円です
これは…
投資としてはどうなんだろう
本当に資産はプラスになるんだろうか…
設備が故障したらまたお金もかかるし…
DIYは手間も時間もかかるし…
空家再生って本当に大変…
…とかなんとか言いながら…
2軒目も買っちゃいました!!
築48年
また埼玉に!
BORO YA!
なんだかんだでやめられない止まらない
すっかりDIYジャンキーです♪
ヒャッハー

おしまい

キュッ

あとがき

最後までお読み下さってありがとうございました。

この漫画の中でリフォームした家も賃貸5年目に入り、特に何もすることがなく毎月お家賃をいただくという大変ありがたい日々を過ごしております。

2軒目に買った家もリフォームが終わり、そのあと夫の親と住むためのマイホームも買い、DIYで家いじりを楽しんでいます。

色々協力してくれる好奇心旺盛な夫と夫の家族には感謝です。

嫁のDIYへのテンションが高すぎて、若干引いているとは思うんですけどね。

そんな私はまだまだ物件を増やそうと、地方で中古物件を探しているところです。

しかしそんな矢先にこのコロナ。

気軽に遠出ができない状態になってしまいました。

これから時代はどうなっていくのでしょうか。

テレワークの広がりで、郊外の格安物件に移住する人がもっと増えるといいなーと思いつつ。

ちなみにこれは不動産投資を扱っている漫画ですが、決して投資をお勧めしているわけではありません。

私のやり方はあまり上手くないと思いますし、本格的に事業をされてる方から見ればツッコミどころ満載でしょう。

空き家リフォームは辛いし、お金かかるし、入居者決まらないとメンタルやられるし…。

でもＤＩＹはめちゃくちゃ楽しいし、完成した時の達成感は半端ないし、寝てても家賃が入るし…。

こんな美味しい話を人に勧めるわけがないじゃないですか。

投資は自己責任でお願いします。

こんなことやってる人間がいるんだなと、笑って読んでいただければ幸いです。

最後にこの本の出版にあたって協力して下さった方々、セミナー講師の中薫道さん、磯崎和彦さん、ＤＩＹの先生鈴木雅博さん、担当編集の小林さん、そしてこの本をお買い上げ下さった皆さま、本当にありがとうございました！

橋本　笑

D《ディー》I《アイ》Y《ワイ》
好《す》きが極《きわ》まって 不《ふ》動《どう》産《さん》オーナーに なっちゃった話《はなし》

コミックエッセイの森

2021年2月28日　第1刷発行

［著　者］　橋《はし》本《もと》 笑《えみ》

［発行人］　北畠夏影
［本文DTP］　臼田彩穂
［編　集］　小林千奈都
［発行所］　株式会社イースト・プレス
〒101-0051
東京都千代田区神田神保町2-4-7 久月神田ビル
TEL 03-5213-4700　FAX 03-5213-4701
https://www.eastpress.co.jp/

［印刷所］　中央精版印刷株式会社
［装　幀］　坂根 舞（井上則人デザイン事務所）

定価はカバーに表示してあります。

ISBN 978-4-7816-1953-8　C0095